Kunstreich
Deutscher Krieg

Tjark Kunstreich

EIN DEUTSCHER KRIEG

Über die Befreiung der Nation von Auschwitz

Ça ira

In memoriam Nissim Bejarano
Für Christian und Lars

Die Deutsche Bibliothek – CIP-Einheitsaufnahme
Kunstreich, Tjark:
Ein deutscher Krieg : über die Befreiung der Nation von Auschwitz / Tjark Kunstreich. – Freiburg i. Br. : Ça ira-Verl., 1999
ISBN: 3-924627-57-6

Postfach 273
79002 Freiburg

Umschlaggestaltung: Dieter Roeschmann, Mahnmal für die Opfer des Nationalsozialismus in Kragejovac, Jugoslawien; zerstört im Krieg 1999
Druck: Litosei s.r.l., Rastignano di Bologna, Italien
ISBN: 3-924627-57-6

Veröffentlicht mit Unterstützung des Instituts für Sozialkritik Freiburg e.V.

Inhalt

Ignatz Bubis:
Staatsbürger unter Volksgenossen:

Der plötzliche Tod von Ignatz Bubis hat die Berliner Republik unvorbereitet getroffen, weswegen die Ehrbezeugungen ziemlich hilflos ausfallen mußten. Daß Bubis an einem 13. August starb und damit einem der wichtigsten nationalen Gedenktage Konkurrenz machte, hat man dem Verstorbenen nachgesehen – zum Glück war es kein rundes Jubiläum des Mauerbaus von 1961. In erster Linie, das merkte man schon den ersten Nachrufen an, und erst recht den Bekundungen nach dem Vorfall bei Bubis' Beisetzung in Tel Aviv, war man erleichtert, später gar voll einer Häme, die einen SPD-Linken, den Regierungsprecher Karsten-Uwe Heye von „Ironie der Geschichte" sprechen ließ. So sehr der Israeli, der schwarze Farbe auf das Grab goß, auch genau das getan haben mag, was einige Deutsche sich zu tun wünschten, so wenig kann der Unterschied geleugnet werden zwischen dieser vergleichsweise harmlosen Attacke und den Bomben auf das Grab von Heinz Galinski in Berlin, deren zweite die Grabplatte völlig zerstörte. Eben diesem Unterschied ist Bubis' Entscheidung geschuldet, zwar in Deutschland zu leben, nicht aber begraben sein zu wollen, eine Entscheidung, die zugleich seine letzte Stellungnahme zum Stand des deutsch-jüdischen Verhältnisses war. Der Tod machte ihn zum ersten prominenten Emigranten der Republik. Und daher fühlt man sich in Deutschland zugleich irgendwie schuldig, denn Ignatz Bubis starb unversöhnt. Das ist in Deutschland etwa so, als müsse ein gläubiger Katholik sein irdisches Jammertal ohne letzte Ölung verlassen. In einem Interview hatte Bubis wenige Wochen zuvor dem „Stern" gesagt, er habe immer betont, „daß ich ein deutscher Staatsbürger jüdischen Glaubens bin. Ich wollte diese Ausgrenzerei, hier Deutsche, dort Juden, weghaben. Ich habe gedacht, vielleicht schaffst du es, daß die Menschen anders übereinander denken. Aber nein, ich habe nichts bewegt."

Die Politiker und Journalisten heulten auf. Das wollten sie nicht auf sich sitzen lassen, daß sie nichts dazugelernt hatten. Nur zu gern wollten sie in Bubis den deutschen Staatsbürger jüdischen Glaubens sehen, das heißt den Prototyp des schuldlosen Deutschen, dessen Kritik man als moralische „Mahnung" par excellence abtun konnte. Allein, die Deutschen hatten unter „Normalisierung" etwas anderes verstanden als das, was Bubis meinte, wenn er „Normalität" sagte. Für ihn war Normalität nicht zuletzt mit der Hoffnung verbunden, daß jüdische Einrichtungen nicht mehr wie Hochsicherheitstrakte geschützt werden müßten – den Deutschen jedoch waren nach 1989 Schlußstrichmentalität und Rassismus gleichbedeutend mit Normalisierung. Die Geschehnisse nach 1991 wurden weniger als gesellschaftliche und vielmehr als außenpolitische wahrgenommen, als Frage der „nationalen Ehre". Denn das „deutsche Ansehen in der Welt" war unmittelbar nach der Wiedervereinigung tatsächlich gefährdet. So schickte die Bundesregierung im Herbst 1992 – nach dem Anschlag auf die jüdischen Baracken der KZ-Gedenkstätte Sachsenhausen – ausgerechnet Klaus Kinkel, den Außenminister, zum Tatort, und Bubis war der einzige deutsche Politiker, der sich nach dem Pogrom in Rostock-Lichtenhagen sehen ließ. Bis zu seiner definitiven Ausgrenzung durch Martin Walser und dessen geistigen Volkssturm ließ Bubis nichts unversucht, sich für Normalität jenseits der Normalisierung einzusetzen. Am Ende jedoch gestand er sich, Staatsbürger unter Volksgenossen, das Scheitern ein. Das Fortleben der Volksgemeinschaft in der Demokratie war es, das die bohrende Kontinuität des Antisemitismus stiftete, eines Antisemitismus, der spätestens mit Auschwitz zu einem spezifisch deutschen sich entwickelte. Ignatz Bubis – ein Überlebender der Ghettos, ein KZ-Häftling und Zwangsarbeiter – hatte ein scharfes Bewußtsein eben des Gesellschaftszustands, das er als FDP-Politiker, Geschäftsmann und jüdischer Interesenvertreter verdrängen mußte; ein Widerspruch, der viele politisch engagierte Überlebende ratlos werden läßt, ein Widerspruch, der ihnen angekreidet wird als Rachegelüst „bis ins siebte Glied". Dieser neudeutschen Variante des Schlußstrichziehens hatte Bubis am Ende nur noch Verbitterung entgegenzusetzen.

Historikerdebatte 1986, Wiedervereinigung 1989, Golfkrieg 1991, „Umgestaltung" der KZ-Gedenkstätten 1991/92, Neue Wache 1993, Holocaust-Mahnmal 1989-1999, Wehrmachtsausstellung 1996-1999, Streit um Goldhagen 1996/97, Walser 1998 – das waren die Etappen, die, je für sich, bestimmte politische und psychische Funktionen für die postfaschistische deutsche Gesellschaft erfüllten; die Richtung wechselte mehrmals, aber am Ende stand doch das eine Resultat: Daß Deutschland, um endlich Krieg führen zu können, mit der Vergangenheit abrechnen mußte, daß Deutschland umgekehrt Krieg führen mußte, um mit der Vergangenheit abrechnen zu können. Und daß diese Abrechnung nur von Vertretern der Achtundsechziger Generation hat vorgenommen werden können, gehört mittlerweile zum Common sense linker Einsichten, die sich allerdings nur am Rande dafür interessieren, wie es dazu kam. Die Beschäftigung mit den Gründen der nun buchstäblich geglückten „Bewältigung" der Vergangenheit verweist auf gesellschaftliche Totalität, darauf, daß die Linke der Verdrängung der Massenvernichtung einfach deshalb nichts entgegenzusetzen wußte, weil sie die Prämissen dieses Wiedergutmachungsunternehmens von Anfang an teilte, weil sie wegen ihrer permanenten Suche nach bloß irgendeinem Subjekt ihrer Politik das Fortwesen der Volksgemeinschaft verleugnete.[1] Jetzt erst, im nachhinein, resümiert sich diese Geschichte zur zwanghaften Notwendigkeit: Von Bitburg über den Golfkrieg bis in den Kosovo führt eine gerade Linie. Die Emanzipation der Deutschen von ihrer Vergangenheit allerdings verlief ebenso zwanghaft, wie sie sich im Rückblick als zwangsläufig darstellt: Das Schweigen der postfaschistischen Gesellschaft, das die Überlebenden zäh bekämpften, hat sich, ganz plötzlich, zu einem ohrenbetäubenden Geschwätz gesteigert. Konnte dies zuerst noch als der Beginn einer Auseinandersetzung mißverstanden werden, so sollte spätestens die Bilanz, die Ignatz Bubis ziehen mußte, überdeutlich gezeigt haben, daß es immer noch um den Schlußstrich geht. Daß dieser Strich unter die Nationalgeschichte nicht auf dem Wege kollektiven Beschweigens gezogen werden konnte, ist einzig den Überlebenden zu verdanken. Gegenwärtig sieht es nicht danach aus, als ließe sich das Geschwätz, das „Auschwitz“ zur beliebigen Metapher macht, jemals abstellen.

Berlin, im September 1999

Einopferung

Irritiert hat mich die merkwürdige Debatte, die in Deutschland über die historische Konnotation des Krieges geführt wurde. Wenn in Lichtenhagen Molotowcocktails auf Asylbewerber geworfen werden und auch bei jedem NPD-Aufzug, heißt es: Wehret den Anfängen! Dasselbe Argument nach einer blutigen Erfahrung auf dem Balkan wird jetzt aufs schlimmste verdächtigt. Warum wird auf einmal die historische Dimension ausgeblendet? Niemand behauptet, daß Miloševic Hitler ist oder daß in Bosnien Auschwitz möglich wurde. Aber daß Miloševic eine Politik betreibt, die in ihrer radikalsten Form dahin geführt hat, läßt sich sagen. Mich macht diese Tabuisierung einer prinzipienorientierten Außenpolitik sehr skeptisch.

Außenminister Joseph Fischers Kriegsbilanz[2]

Der Siegestaumel bleibt aus. Über Deutschlands Rückkehr ins militärische Geschäft mag man sich nicht richtig öffentlich freuen, dabei läßt sich die Kriegsbilanz durchaus sehen. Den USA konnte man zum Beispiel zeigen, daß die Berliner Republik durchaus in der Lage ist, eigene Akzente zu setzen. So zu Beginn des Krieges, als man den russischen Unterhändler Primakow abblitzen ließ, und so zu seinem Ende, als auch in den USA niemand mehr glauben mochte, daß vom vorzeitigen Einmarsch russischer Soldaten in Priština nicht wenigstens die Deutschen vorher wußten. Mag die mangelnde öffentliche Genugtuung über den Sieg auch damit zu tun haben, daß es viele Neider gibt, die die deutsche Rolle als gar nicht so konstruktiv empfunden haben – schließlich hatte man zum einen die Verhandlungen über ein Ende des Bombardements verzögert, zum anderen war man aber auch nicht bereit, sich am Einsatz von Bodentruppen zu beteiligen; oder auch damit, daß Deutschland immer noch unter Beobachtung steht, weshalb sich militaristische Töne weitgehend verbieten. Hatte Scharpings Staatssekretär Stützle zu Beginn des Krieges noch mit Journalisten über die korrekte Bezeichnung des Krieges als Krieg gestritten und Bundeskanzler Schröder erklärt: „Wir führen keinen Krieg, aber wir sind aufgerufen, eine friedliche Lösung im Kosovo auch mit militärischen Mitteln durchzusetzen", bestreitet nach dem Ende der Kampfhandlungen auch Fischer nicht mehr, daß die korrekte Bezeichnung für derartige Zustände Krieg lautet. Vielleicht dauert in Deutschland, nach Jahrzehnten verordneter Kriegsabstinenz, die Gewöhnung nur ein bißchen länger; erst mit der Routine kommt auch Langeweile beim Publikum auf, die wiederum das Spektakel erforderlich macht. So war alles noch neu, und der Krieg und seine Legitimation wurde zur Spielwiese der psychologischen Kriegführung. Man spielte alles durch, was das Arsenal hergab. Um es gleich vorwegzunehmen, es stellte sich heraus, daß die Deutschen sich überhaupt nicht dafür interessierten, warum nun ausgerechnet dieser Krieg geführt werden mußte, viel wichtiger war, daß überhaupt Krieg geführt wurde. Darin unterschieden sich die Untertanen nicht von ihren gewählten Führern. Es bestätigte sich der Gedanke, den die Kommunisten von jeher vertraten: daß rassistische Mobilisierung und Kriegsvorbereitung in einem ideologischen Zusammenhang stehen – allerdings nicht in dem Sinne, daß der Rassismus „von oben" zur Ablenkung von den im Krieg durchzusetzenden ökonomischen Interessen eingesetzt wird. Vielmehr ist der Krieg die Konsequenz der rassistischen Mobilisierung, die nach der „ethnischen Säuberung" der ehemaligen DDR in den letzten Jahren nun nach Zielen außerhalb strebt. Aber weil die völkische Sehnsucht nach ethnischer Homogenisierung nicht mehr als ideologische erscheint – wohingegen sie als solche im Nationalsozialismus noch durchschaubar war –, sondern als zugleich rational und naturhaft, kamen mit dem Krieg gleich mehrere ideologische Abteilungen der linken

Opposition in arge Bredouille: weder war im Krieg ein unmittelbar ökonomisches Interesse zu erkennen, noch konnte die Behauptung, daß jedes nationale Gebilde auch ein einheitliches Staatsvolk brauche, einer wirksamen Kritik unterzogen werden, weil man die eigenen Gelüste nach einem Ende der „durchrassten" Gesellschaft (Edmund Stoiber) auf Milosevic projizierte; er übernahm außenpolitisch die Rolle, die die ostdeutschen Nazis innenpolitisch gespielt hatten. So schwankte die linke Kriegsgegnerschaft zwischen antiimperialistischer Phraseologie und einem Antinationalismus der dummen KerlInnen, zwischen Weltverschwörungswahn und Menschenrechtsapologie. Zur Bilanz der linken Kriegsgegner läßt sich nur sagen: Mehr als ein Farbbeutel gegen den Außenminister war nicht drin. Vorbereitet wurde der Kosovo-Krieg mit einer historischen Geste: Am 13. Februar 1999 besuchten erstmals deutsche Soldaten in Uniform die Gedenkstätte Auschwitz. Weil Polen der NATO beitrat, brauchte die Bundeswehr keine Gewalt anzuwenden. Verteidigungsminister Scharping verkündete, man werde nun jedes weitere Auschwitz mit deutscher Hilfe verhindern, auch im Kosovo. Endlich war man auf der Seite der Guten, endlich hatte Deutschland sich in die Reihen derer geschmuggelt, die Jahrzehnte zuvor die bedingungslose Kapitulation Deutschlands erzwangen. Der neue Hitler hieß Miloševic, die neuen Juden waren die albanischen Bewohnerinnen und Bewohner des Kosovo. Sechs Wochen später machte man ernst: Deutsche Tornados bombardierten Belgrad, und fast schien die Erinnerung an ähnliche Vorgänge vor 56 Jahren ausgelöscht zu sein, als mit dem Bombardement Serbiens im April 1941 der deutsche Vernichtungskrieg Südosteuropa erreichte. Indem die rotgrüne Bundesregierung ein ums andere Mal geschichtliche Vergleiche bemühte, um davon abzulenken, daß Deutschland zum dritten Mal in diesem Jahrhundert einen Angriffskrieg gegen denselben Gegner führte, legte sie erst die Fährte zu jener Kontinuität, die niemand bemerkt hätte, wäre nicht immer wieder auf sie verwiesen worden. Jüdische Überlebende bezichtigten die Minister Fischer und Scharping einer „neuen Art der Auschwitz-Lüge“, aber ihr Protest wurde erst wahrgenommen, als ihr Offener Brief in der „Frankfurter Rundschau“ als ganzseitige Anzeige erschien[3]. Ansonsten gab es kaum Widerspruch gegen diese Instrumentalisierung von Auschwitz zugunsten der Legitimation des Krieges gegen Jugoslawien. Derart abgesichert, bemühte die Bundeswehr zur Nachbereitung des letzten und zur Vorbereitung des nächsten Krieges eine weitere historische Geste, als am 20. Juli 1999 Rekruten der Bundeswehr im Bendlerblock ihren Eid aufs Vaterland ablegten. Der Ort, an dem der Verschwörer Stauffenberg nach dem gescheiterten Attentat auf Hitler erschossen worden war, beherbergt heute zugleich das alte und neue Kriegsministerium und die Gedenkstätte Deutscher Widerstand – mithin der passende Ort: Erst 1998 wurde die Ausstellung in der Gedenkstätte Deutscher Widerstand von mißliebigen Kommunisten wie Wilhelm Pieck gesäubert. Schließlich war das Problem, dem die Verschwörer sich annehmen wollten, nicht deutscher Vernichtungswahn, sondern Hitler. Stauffenberg und seine Komplizen hätten dieses Gelöbnis, zumal nach dem Kosovo-Krieg, sicherlich begrüßt. Die Berliner Republik will nicht nur darüber entscheiden, wo heute Auschwitz liegt, sondern auch darüber, wer zum Widerstand gegen deutsche Besatzung und Naziherrschaft gerechnet werden darf, um damit zu definieren, wer heute Widerstand gegen die neuen „Hitlers“ leistet: ganz vorn selbstverständlich die Bundesregierung und die Bundeswehr. Nicht weil Stauffenberg, Goerdeler, Beck und die anderen es nicht verdient hätten, zu den Ahnen dieser Republik gezählt zu werden – tatsächlich antizipieren die Schriften der Verschwörer den demokratisch-volksgemeinschaftlichen Grundkonsens Westdeutschlands –, sondern weil der widerwillige Verrat an der Volksgemeinschaft, wie in Auschwitz Element der Verunsicherung, die Versöhnung mit der deutschen Vergangenheit bislang verunmöglicht hat, zum Bezugspunkt eines neuen Selbstbewußtseins wird, markieren diese beiden historischen Gesten einen Einschnitt. Dabei ist die Emanzipation der deutschen Politik von Auschwitz nichts Neues: Rückblickend betrachtet, scheint es so zu sein, als sei das „Modell Deutschland" seit 1945 zu nichts anderem da, als Auschwitz, den Massenmord, die Kriegsverbrechen loszuwerden. In den fünfziger Jahren bewältigte man gleichzeitig die Debatte um die Entschädigung der Nazi-Opfer und die Rehabilitation der Täter. In den sechziger Jahren begann mit dem Auschwitz-Prozeß in Frankfurt eine Auseinandersetzung mit der Vergangenheit, die schon damals keinen anderen Zweck verfolgte, als den Unterschied zwischen der demokratischen BRD und dem Nazi-Staat zu dokumentieren. Die Achtundsechziger Bewegung bezeichnete in diesem Prozeß einen Einschnitt – anstatt jedoch das Besondere am Nationalsozialismus herauszuarbeiten, verallgemeinerte man den europäischen Faschismus und machte die Vernichtung der europäischen Juden ein weiteres Mal unsichtbar. In den siebziger Jahren kam es zu weiteren Prozessen gegen KZ-Aufseherinnen und -Aufseher, zugleich wurden KZ-Gedenkstätten ausgebaut und zum 40. Jahrestag der Pogromnacht am 9. November 1978 sprach mit Bundeskanzler Helmut Schmidt zum ersten Mal ein Repräsentant der BRD während einer Gedenkfeier in der Kölner Synagoge. Ende der siebziger, Anfang der achtziger Jahre setzte ein Prozeß ein, der die Opfer in die kollektive Erinnerung einbezog. Nicht trotz, sondern wegen Auschwitz sollte die BRD auch im internationalen Rahmen wieder eine größere Rolle spielen. Allerdings gegen große Widerstände, vor allem seitens der rechten Traditionspflege, die den letzten Krieg noch nicht verloren geben mochte. Die achtziger Jahre wurden zum goldenen Jahrzehnt der „Erinnerungsarbeit", jener spezifisch deutschen Form, sich die geschichtlichen Tatsachen so lange vor Augen zu führen, bis sie jeden Sinns enthoben sind. Mehr und mehr emanzipierte sich diese „Erinnerungsarbeit" vom Antifaschismus, von der Losung „Nie wieder Faschismus, nie wieder Krieg“ und entwickelte sich zu einer unverbindlichen humanistischen Message, die – im Nachhinein betrachtet – der nächste Schritt war, dem Antifaschismus die Definitionsmacht über die Konsequenzen des deutschen Faschismus zu entziehen und diesem eine eigene Definition entgegenzustellen. Herausgekommen ist dabei, daß alle irgendwie viel mitgemacht haben und irgendwie Opfer sind. An dieser humanitären Verwässerung des Antifaschismus waren nicht zuletzt die Antifaschisten selbst schuld. Hatten sie doch zum einen, selbst im Zusammenhang mit der Bombardierung deutscher Städte, jahrzehntelang Nazi-Propagandalügen nachgebetet und zum anderen die deutsche Bevölkerung von jeder Verantwortung für die Nazi-Verbrechen freigesprochen. Gerade in den achtziger Jahren, die von der Friedensbewegung gekennzeichnet waren, wurde der Zusammenhang von deutschem Krieg und deutschem Faschismus zugunsten einer pazifistischen Kriegsgegnerschaft in den Hintergrund gedrängt, die zwar an sich ehrenwert ist, aber der deutschen Friedensbewegung die Relativierung von Auschwitz in Propagandaformeln wie der vom „atomaren Holocaust“ erst ermöglicht hat. So wurde sie gänzlich zum Türöffner der nationalen Frage.

Die Einopferung der Täter war ein gewichtiger Schritt auf dem Weg zum militärischen Comeback Deutschlands, aber eben nur ein Schritt, der zunächst die Funktion hatte, eine bestimmte Interpretation der Vergangenheit durchzusetzen. Daß sich daran maßgeblich Linke beteiligten, wird kaum verwundern, hatten sie doch seit 1968 ohnehin ein fast durchgängig instrumentelles Verhältnis zur Vergangenheit, in dem alles, was nach Repression roch, als Faschismus gegeißelt wurde. Konkret wurde diese Einopferung am 5. Mai 1985, als sich Helmut Kohl und Ronald Reagan über den Gräbern von Waffen-SS-Soldaten in Bitburg die Hände reichten und anschließend nach Bergen-Belsen fuhren, um dort der Nazi-Opfer zu gedenken. Damals schrieb der Adornit Moishe Postone in einem „Brief an die westdeutsche Linke“: „Wieso gab es keine großen Demonstrationen? ... Daß so viele auf der Linken die ganze Angelegenheit offenkundig als zweitrangige Störung betrachteten, als ein Stück Show-Business ohne politische Bedeutung, bringt ein Maß von Blindheit zum Ausdruck, das seinerseits nur bestätigt, wie weitgehend die fundamentale Verdrängung im Kern des nachkriegsdeutschen sozialen Bewußtseins die Gegenwart durchdrungen hat und an eine neue Generation übertragen worden ist.“ Tatsächlich hatte es außer einem Antrag, der damals noch linken, grünen Bundestagsfraktion keinen linken Protest gegeben, die Zeitschrift „Konkret“ erschien mit einem Bild von Reagan auf der Titelseite: „The New Führer“ war darunter zu lesen. Im damaligen Zentralorgan des heutigen Außenministers, dem Frankfurter „Pflasterstrand“, wurde der Brief auszugsweise (und armselig übersetzt) dokumentiert und mit folgendem Satz eingeleitet: „Wessen Wahrnehmung hat einen Sprung in der Optik? Seine – oder unsere?“[4] Weil in Deutschland nichts normal ist, sei auch der Traum der westdeutschen Linken, eine normale Linke sein zu wollen, irreal. Postone: „Wenn Hunderttausende bereit sind, gegen den US-Imperialismus zu demonstrieren, aber nur wenige Hundert gegen die Rehabilitation der Nazi-Vergangenheit, denke ich schon, daß der erste Anlaß instrumentalisiert worden ist ... Es kann auf der Grundlage einer Leugnung der Vergangenheit oder des Versuchs, ihr zu entfliehen, kein anderes Deutschland geben. Es gibt in der Tat nur zwei Möglichkeiten: Eine endgültige Versöhnung mit dieser Vergangenheit oder aber der konstante, d.h. in fortwährender Auseinandersetzung zu vollziehende Bruch mit ihr.“ 15 Jahre später sieht es so aus, als gebe es nun dieses „andere Deutschland“, welches in „fortwährender Auseinandersetzung“ den Bruch mit der Nazi-Vergangenheit vollzieht. Die nach 1985 einsetzenden Debatten könnten durchaus als „konstante Auseinandersetzung“ mit der Vergangenheit interpretiert werden. Der Brief richtet sich schließlich an Leute, die heute Ministerposten versehen oder als „Spiegel"-Redakteure ihren Dienst fürs Vaterland versehen. Auf die ihnen eigene Art haben sie Postone verstanden, auf deutsche Art; auch die Versöhnung kann einen „Bruch" mit der Vergangenheit bedeuten. Leugnung oder Flucht sind nicht die einzigen Mittel der Abwehr, die Psychoanalyse kennt diese Umdeutung von Liebe zu Haß und umgekehrt als Reaktionsbildung. Fast scheint es, als hätte das neue Führungspersonal Postones Brief gründlich studiert, ihre Schlußfolgerungen gezogen und ein „anderes Deutschland" geschaffen. Fast, aber nicht ganz, wie die Weigerung zeigt, die letzten Überlebenden der Nazizwangsarbeit wenigstens finanziell zu entschädigen. Die historischen Gesten finden ihre Grenze dort, wo sie nicht in einem lohnenden Verhältnis zu den heutigen Interessen Deutschlands stehen. Die bewußte Instrumentalisierung der deutschen Vergangenheit mit dem Zweck, das heutige Deutschland um so glänzender dastehen zu lassen, erklärt jedoch noch nicht jene Reaktionsbildung, in der die wenigstens politische Ablehnung der Tätergeneration und ihren Rechtfertigungsstrategien in Einfühlung umschlug. Und schon gar nicht, weshalb diese Einfühlung ausgerechnet mit einer Auseinandersetzung um das Ausmaß der Beteiligung der Deutschen an der nationalsozialistischen Volksgemeinschaft einhergeht. Das „andere Deutschland" vollbringt einen Spagat zwischen nationaler Identitätsbildung einerseits, die von Cem Özdemir bis Alfred Dregger alle einbeziehen will, und Abgrenzung zur Nazivergangenheit andererseits. Die Berliner Republik knüpft dabei an die rechtskonservative Traditionsbildung der alten BRD an. Noch einmal Postone: „Bitburg offenbarte ebenso, welche Bedeutung der Atlantizismus für viele Konservative hatte. In die NATO eingebettet und der treueste Vasall der USA zu sein, wird als ausreichend angesehen, um Westdeutschland als eine vollwertige Demokratie zu konstituieren. Es erlaubt der BRD, sich selbst als Demokratie zu begreifen, ohne sich gänzlich mit der Nazi-Vergangenheit beschäftigen zu müssen. Die vollständige

Demokratisierung Deutschlands setzt aber eine weitaus grundsätzlichere Veränderung im allgemeinen politischen Bewußtsein voraus – eine Veränderung, die nur auf der Basis einer Konfrontation mit dieser Vergangenheit eintreten könnte. Das militärische Bündnis ermöglicht jedoch zwei Ebenen deutscher Nachkriegsrealität: demokratische Institutionen plus Versöhnung mit der Geschichte.“ Daß die Mitgliedschaft in der NATO und die engen Beziehungen zu den USA nicht nur für die Staaten Bedeutung hatten, sondern vor allem für Deutschland selbst, hat sich im Kosovo-Krieg einmal mehr bestätigt: Postone beschreibt den Anfang einer Entwicklung, an deren Ende das demokratische Deutschland die Vergangenheit tatsächlich bewältigt hat. Postones Rekurs auf den zentralen antifaschistischen Begriff, den des „anderen Deutschland“, verweist nicht nur auf die Hilflosigkeit gegenüber der deutschen Gesellschaft, die sich auf den autoritären Staat als Organisator der Ökonomie bezieht, weil er verspricht, die Folgen kapitalistischer Konkurrenz für die deutschen Staatsbürger zu mildern und damit überhaupt erst die Selbstfindung des Staatsbürgers als deutschem in der „Identifizierung mit dem Angreifer“[5], wie Anna Freud sagt, herstellt; einer Gesellschaft, die zu keinem Zeitpunkt als bürgerliche sich verstanden hat; die „vollständige Demokratisierung Deutschlands“ ist für Postone die Alternative, um einen gesellschaftlichen Zustand herzustellen, in dem eine Linke agieren könnte. Er entwickelt hier zugleich das Bild Deutschlands als eines rückständigen Staates und das Projekt eines „anderen Deutschlands“ als die Erfüllung zivilisatorischer Standards. Postone will mit seinem Brief agitieren und greift dabei auf das Heilsversprechen der Vernunft zurück: das bessere Argument aber kommt nicht an bei Leuten, die bestenfalls Rechtfertigungen für ihr Handeln brauchen. Das rechtskonservative Geschichtsbild hat sich mit dem „anderen Deutschland“ versöhnt. Dabei treffen Bedürfnis, das sich seiner selbst kaum bewußt ist, und Kalkulation aufeinander – und amalgieren zur deutschen Ideologie.

Normalzustand und Kriegszustand

> Wichtig wäre zu wissen, woher die fünfjährige Nelly nicht nur wußte, sondern fühlte, was der Führer war. Der Führer war ein süßer Druck in der Magengegend und ein süßer Klumpen in der Kehle, die sie freiräuspern mußte, um mit allen laut nach ihm, dem Führer, zu rufen, wie es ein patrouillierender Lautsprecherwagen dringlich forderte. Derselbe Wagen, der auch bekanntgab, in welchem Ort das Auto des Führers soeben unter den Begeisterungsstürmen der unaussprechlich glücklichen Bevölkerung eingetroffen war. Die Leute konnten verfolgen, wie langsam der Führer vorwärtskam, sie kauften Bier und Limonade beim Eckkneipenwirt, schrien, sangen und fügten sich den Anordnungen der absperrenden Polizei- und SA-Kette. Sie blieben geduldig stehen. Nelly hat weder verstanden noch behalten, was sie miteinander redeten, aber die Melodie des mächtigen Chores hat sie in sich aufgenommen, der sich durch viele kleine Schreie hineinsteigerte zu dem ungeheuren Schrei, in den er endlich ausbrechen, zu dem er sich mächtig vereinigen wollte. Wenn sie auch zugleich ein wenig Angst davor hatte, verlangte es sie selbst danach, diesen Schrei zu hören, auch von sich selbst. Wollte wissen, wie man schreien und sich mit allen eins fühlen konnte, wenn man den Führer sah.
>
> Christa Wolf, *Kindheitsmuster* [6]

Wenn Martin Walser zu Ignatz Bubis sagen konnte, er habe sich schon mit Auschwitz auseinandergesetzt, als Bubis sich noch für ganz andere Dinge interessierte; wenn er Bubis riet, sich nicht noch einmal wie 1992 in Rostock an den Orten rassistischer Verbrechen aufzuhalten, weil ihn – Walser – das an 1933 erinnern würde, so formuliert er damit, was viele Deutsche denken. „Was mich am meisten gewundert hat, war, daß 1200 ziemlich qualifizierte Zeitgenossen einer Rede Standing ovations bereiteten und einer sagt, das war geistige Brandstiftung. Da stimmt etwas nicht. 1200 Menschen haben also einer geistigen Brandstiftung Beifall gespendet. An die muß sich Herr Bubis wenden. Seine Äußerung ist nichts anderes als das Heraustreten aus dem Dialog zwischen Menschen.“[7] Und die, das wird nicht nur an dieser Bemerkung Walsers deutlich, sind Deutsche. Wo der Schriftsteller redet, der sich als „Intellektueller“ nicht bezeichnen möchte, spricht das Exemplar einer deutschen Generation, die ihre nationalsozialistische Kindheit verteidigen will. Walsers Leistung besteht darin, die bislang eingehaltene Trennung zwischen dem, was die überwältigende Mehrheit der Deutschen denkt, aber nicht sagt, und dem, was diese Deutschen sagen, aber nicht denken, aufgehoben zu haben. Indem er dieselben Worte verwendete, die Herzog, Kohl usw. usf. anläßlich von Gedenktagen wie dem 9. November benutzen, wurde neben der Verlogenheit jener Wörter auch offenbar, daß Verleugnung und Verdrängung dort überflüssig geworden sind, wo Auschwitz es den Deutschen ermöglicht, sich als Opfer zu gerieren. Walter Jens brachte es in seiner Walser-Apologie auf den Punkt: Es müsse damit Schluß sein, daß die Nachgeborenen, die „es“ nicht erlebt haben, sich anmaßen, über das Verhalten ihrer Vorfahren zu urteilen. Nicht nur das Nachfragen soll tabuisiert werden: die Interpretation der Geschichte soll denen vorbehalten sein, die „es“ erlebt haben; auf höchst unterschiedliche Weise, wie Walser zu berichten weiß, der von nichts gewußt hat und „das da“ deswegen als „Schande“ bezeichnet. Und diese paßt nun nicht mehr in den deutschen Kram: „Kein ernstzunehmender Mensch leugnet Auschwitz; kein noch zurechnungsfähiger Mensch deutelt an der Grauenhaftigkeit von Auschwitz herum; wenn mir aber jeden Tag in den Medien diese Schande vorgehalten wird, merke ich, daß sich in mir etwas gegen die unaufhörliche Dauerpräsentation unserer Schande wehrt.“[8]

Dabei handelt es sich nicht, wie die meisten Reaktionen, seien sie nun affirmativ oder kritisch, unterstellen, um Walsers Meinung oder seine Ansicht zum Thema. Walser hat in seiner Rede nicht nur keinen eigenen Gedanken geäußert. Er hat nicht wirklich etwas gesagt, aber alle haben es verstanden. „In Deutschland wird ein Jargon der Eigentlichkeit gesprochen, mehr noch geschrieben, Kennmarke vergesellschafteten Erwähltseins, edel und anheimelnd in eins", schrieb Theodor W. Adorno in seinem 1964 erschienenen Essay „Jargon der Eigentlichkeit", seiner Auseinandersetzung mit Martin Heidegger und den heideggerisierenden Intellektuellen der fünfziger und sechziger Jahre. Während der Jargon „überfließt von der Prätention tiefen menschlichen Angerührtseins, ist er unterdessen so standardisiert wie die Welt, die er offiziell verneint; teils infolge seines Massenerfolgs, teils auch weil er seine Botschaft durch seine pure Beschaffenheit automatisch setzt und sie dadurch absperrt von der Erfahrung, die ihn beseelen soll. Er verfügt über eine Anzahl signalhaft einschnappender Wörter."[9] – „Schande" ist jetzt endgültig eines davon. Wenn Walser die Friedenspreis-Rede als inneren Monolog beginnen ließ und auch nicht vergaß, „das Schöne" zu erwähnen, wozu ihm „Bäume" und „Sonnenuntergang" einfällt, ist das „edel und anheimelnd" in einem; wenn er sein „tiefes, menschliches Angerührtsein" fortwährend in der Formulierung der „Schande" und der Benutzung des Wortes „Ich" zum Ausdruck bringt, um in eben diesen Formulierungen das „Wegschauen" zu feiern, so ist dies der Jargon Heideggers, die Sprache der Existentiale, von denen das „Gewissen" eines ist. Und wenn Walser sich selbst zitiert und gleich zwei Mal „vor Kühnheit zitternd" deutsche Bekenntnisse ablegt, versteht man Adornos Definition des Jargons als der „Wurlitzer-Orgel des Geistes", die „das Vibrato, musikalisch einst Träger subjektiven Ausdrucks, für Reklamezwecke vermenschlicht".[10] Neben allem anderen, was schon zu Walsers Rede bemerkt wurde, ist es die stille Rehabilitierung des Blut-und-Boden-Existenzialisten, die aufhorchen lassen sollte. Dieser offensive Rückbezug auf eine Tradition, die einer ganzen Generation von Dichtern und Denkern die Anpassung an den deutschen Faschismus ermöglichte, hat nicht nur die Funktion einer nachträglichen Entlastung, denn diese Tradition war nicht verschwunden, sondern hat als Subtext der alten BRD die allgemeinen Formeln geliefert, mit denen über Auschwitz gesprochen wurde. Dieser Rückbezug ist das Bekenntnis zu einem Begriff deutscher Geschichte, die, indem sie Auschwitz als „Schicksalskatastrophe" (Walser) interpretiert, Auschwitz nicht länger außen vor lassen muß. Verleugnung und Verdrängung sind überflüssig geworden, wo Auschwitz es den Deutschen ermöglicht, sich als Opfer zu aufzuführen. Schließlich ist es nicht ihr Handeln, sondern ihr Schicksal, das zu beklagen Walser als unschuldiger Deutscher angetreten ist. Damit allerdings übernimmt Walser das Selbstverständnis der Mörder, die die Ermordung der Juden zugleich als schicksalhaften Vollzug und Sachzwang begriffen: „In seiner Ursprünglichkeit aus zweiter Hand finden sie tatsächlich etwas wie Kontakt, vergleichbar mit dem Gefühl, in der angedrehten nationalsozialistischen Volksgemeinschaft sei für alle Artgenossen gesorgt, keiner werde vergessen: metaphysische Winterhilfe in Permanenz."[11] Seinen Beitrag zur Abrechnung mit Adorno lieferte Walser übrigens schon 1979, in dem von Jürgen Habermas herausgegebenen Band „Stichworte zur geistigen Situation der Zeit", in dem er jene Sätze schrieb, die Ignatz Bubis in seiner Rede zum 60. Jahrestag des Novemberpogroms zum Beweis anführte, daß Walser nicht erst seit dem 11. Oktober 1998 seine Nationalpsychose pflegt: „Auschwitz. Und damit hat sich's. Verwirkt. Wenn wir Auschwitz bewältigen könnten, könnten wir uns wieder nationalen Aufgaben zuwenden. Aber ich muß zugeben, eine rein weltliche, eine liberale, eine vom Religiösen, überhaupt vom Ich-Überschreitenden fliehende Gesellschaft kann Auschwitz nur verdrängen. Wo das Ich das Höchste ist, kann man Schuld nur verdrängen.“[12] Heute sind diese Sätze obsolet geworden, „Ich“ ist nicht mehr das Höchste, wer Ich sagt, meint Wir, meint Deutschland. Folglich braucht die Schuld auch nicht mehr verdrängt zu werden. „Schlimmer als der geschmähte Jargon der Eigentlichkeit“ kam Walser schon 1979 „der Jargon vor, in dem da geschmäht wurde.“ Walser hat die Rolle des Alten vom Todtnauberg nun übernommen; mit dem Unterschied, daß die für die fünfziger Jahre typische Verachtung der Massenkultur ihrer Affirmation gewichen ist. Diese Jovialität gegenüber den „Massen“ ist eine tiefsitzende Verachtung, die nicht einmal ausgesprochen werden muß; aus der Walserdebatte sprach das Kulturbündnis zwischen Mob und Elite. Der breitkrempige Hut und der Lodenmantel, mit dem Walser sich gern fotografieren läßt, die falsche Bedächtigkeit, als dächte hier einer über das nach, was aus ihm spricht. Recht eigentlich fehlt nur noch der Schäferhund. Je mehr er versucht, dem großen Vorbild sich anzugleichen, desto deutlicher wird allerdings, daß er der Wiedergänger der Tragödie als volkstümliche Komödie ist – was ihn keineswegs harmlos macht. Walser hat längst jene Widersprüche überwunden, die ihn nach dem 9. November 1989 bewegten, nachdem er sich zeitweise in der Nähe der DKP befand und sich bei der „FAZ“ erst noch andienen mußte. In nicht einmal zehn Jahren hat Walser, von den Zumutungen einer eingebildeten Kontrolle befreit, die einen nicht sagen ließ, was man dachte, den rechten Weg gefunden: „Das Schuldigsein gehört zum Dasein selbst“, zitiert der eine Martin den anderen, der sie 1927 in „Sein und Zeit“ schrieb. Und ganz im Sinne seines Vorgängers fordert Walser am Ende seiner Rede Eigentlichkeit ein: „Es soll einfach gehofft werden dürfen, man könne einem anderen nicht nur dadurch entsprechen, daß man sein Wissen vermehrt, seinen Standpunkt stärkt, sondern, von Sprachmensch zu Sprachmensch, auch dadurch, daß man sein Dasein streift auf eine nicht kalkulierbare, aber vielleicht erlebbare Art.“ Die Vermeidung des Wortes „Intellektueller“, dessen Verwendung diesen Satz baren Unsinn werden ließe – schließlich steht das Eigenschaftswort „intellektuell“ gerade für die Mehrung von Wissen und das Vertreten von Standpunkten, eben für den Disput –, zeigt an, daß hier einer spricht, der Denken als Belastung empfindet, Bewußtsein als Zumutung. Hier sollen statt dessen „Sprachmenschen“ sich in ihrem „Dasein“ streifen, denn, so Adorno, „eigentlich: kernig sei, daß der ganze Mensch rede. Dabei geschieht, was der Jargon selbst stilisiert, ins ›Sich ereignen‹. Kommunikation schnappt ein und wirbt für eine Wahrheit, die durchs prompte kollektive Einverständnis eher verdächtig sein müßte.“[13] Walsers Trick ist sein Subjektivismus: Weil er nichts wußte, ist er nicht beteiligt und schon gar nicht verantwortlich. Indem er „Ich“ sagt, spricht er fürs Kollektiv: Die Erinnerung an glückliche Tage in der Volksgemeinschaft, in der Hitlerjugend und im Bund Deutscher Mädel. An einen Alltag, der nichts mit dem zu tun hatte, was im Osten – oder nebenan – zum selben Zeitpunkt geschah. Es wurde Frühling und es wurde Winter. Auch während des Nationalsozialismus. Gegen die Auffassung, angesichts dieses Verbrechens hätte die Welt still stehen müssen, formuliert Walser die offensive Ignoranz. Der Zweck ist nicht nur die Negation jener Definitionsmacht, die der Wahrnehmung der Überlebenden zugestanden wurde, indem der deutsche Faschismus als Ganzes als System zum Zwecke der Vernichtung gekennzeichnet wurde; es geht auch um die Negation von Theorie über Auschwitz, um die Negation der Distanz, die es braucht, um anzuerkennen, was den Ermordeten angetan wurde. Der gezielte Subjektivismus der deutschen Ideologie, die Auschwitz mit der Banalität relativieren will, daß das Leben weiterging, setzt das nationale Kollektiv voraus. So zog Walser mit „Schande“, „Gewissen“ und dem Verlangen nach Eigentlichkeit die Konsequenz aus der Unmöglichkeit des Verdrängens und machte letztere an denen fest, für die die deutsche Niederlage am 8. Mai 1945 Befreiung war. Indem er die Verfolgten zum Verfolgerkollektiv stilisiert, fügte Walser dem sekundären Antisemitismus, der den Juden Auschwitz nicht verzeihen will, nun öffentlich die ungehemmte Aggression hinzu. Die Unverschämtheit seiner Rede besteht nicht zuletzt darin, daß er ein Vorrecht der Überlebenden für sich in Anspruch nahm: Unversöhnlichkeit. Die Berliner Republik setzt an ihren Anfang die Versöhnung mit den Tätern. Was im Herbst 1998 wie ein Erdrutsch erschien, war der vorläufige Höhepunkt der Versöhnung der Intellektuellen mit der Macht, und in Deutschland ist diese Versöhnung zwangsläufig mit Auschwitz verbunden. Die Vollzugsmeldung wurde in folgenden Sätzen zelebriert: „Unerträgliches muß ich nicht ertragen können. Auch im Wegdenken bin ich geübt. An der Disqualifizierung des Verdrängens kann ich mich nicht beteiligen.“[14] Die „Disqualifizierung der Verdrängung“ war über einige Jahrzehnte das Terrain der Intellektuellen, nur immer schon in der Hoffnung, an einen Endpunkt zu gelangen, einen Sinn – und das heißt in Deutschland stets: eine nationale Identität – (wieder) zu finden. Walser repetierte im „Spiegel“-Gespräch mit dem alten Kameraden Rudolf Augstein seine Rede noch einmal menschelnd: „Na ja, meine Mutter ist ja in der Partei gewesen, nicht erst Weihnachten 1932/33 eingetreten, wie in meinem Buch – wo dieser Zeitpunkt kompositionell paßte – , sondern noch früher. Ihr war klargemacht worden, daß Hitler die Vorsehung ernst nimmt, den Herrgott. ... Denn meine Mutter ist sozusagen Thomas von Aquin im 20. Jahrhundert, ohne daß sie je von ihm gehört hat, verstehst du. Die hat einen vollkommen katholisch geschlossenen Horizont gehabt, der sie durch und durch durchdrungen hat.“[15] Bisher durfte man nur, jetzt muß man so sprechen, weil es „kompositionell“ paßt; die Nazis waren nicht nur ausgesprochen harmlos, sondern die Heimstatt der Heiligen. Man muß sich nur vorstellen, welcher Aufruhr wäre, würde ein Überlebender „Zeitpunkte“ seines Lebens „kompositionell“ seiner Erzählung angleichen. Man erinnere sich an Stefan Hermlin, der aus der Not, von den amerikanischen Besatzungsbehörden als jüdischer Kommunist benachteiligt zu werden, 1945, auf einem Fragebogen falsche Angaben machte und an Herrn Corino, der das, zur Beschleunigung des Nachrufs, für den Schwerkranken noch vor dessen Ableben veröffentlichte.

Die pädagogische Sorge, die Roman Herzog in seiner Rede am 9. November 1998 über die drohenden „Abstumpfungseffekte“ bei einem Zuviel an Aufklärung über den deutschen Faschismus zum Ausdruck brachte, ist das Schlagwort, mit dem die Altvorderen nun begründen, weshalb sie nichts mehr hören wollen, und mit dem die nicht mehr ganz so junge „Generation Berlin“ an das Geschichtsverständnis ihrer Eltern anknüpfen will. Es gäbe immer mehr Schülerinnen und Schüler, die während des Besuches von Gedenkstätten bemerken, daß sie „es“ (siehe oben) nicht mehr hören könnten; die Ursache dafür läge bei den überengagierten Lehrerinnen und Lehrern, die im Unterricht über nichts anderes mehr zu reden scheinen als über „das“ (dito). Einmal nachgefragt, stellt sich schnell heraus, daß die Kleinen keine Ahnung haben; und was ihre Abstumpfung angeht, handelt es sich um nichts anderes als den auf sie projizierten Widerwillen ihrer Lehrerinnen und Lehrer, sich mit dem Nationalsozialismus zu beschäftigen. Besonders deutlich wurde dies in der Solidarität, die die Gewerkschaften IG Medien und GEW mit Martin Walser übten. In Frankfurt veranstaltete die GEW am 26. Januar eine Diskussion zu den Folgen der Walser-Rede, von der sich die GEW-Vorsitzende Eva-Maria Stange später distanzierte und sich dafür entschuldigte, daß man Walser in eine „deutschnationale und antisemitische Ecke“ gestellt habe. Dazu aufgefordert wurde sie von Detlef Hensche, dem Vorsitzenden der IG Medien, der sich vor Walser als Mitglied des Schriftstellerverbandes der Gewerkschaft stellte. Daß auf dieser Veranstaltung neben Vertretern der Roma und Sinti und der Jüdischen Gemeinde auch Horst Eberhard Richter auftrat, dem man mangelnde Differenzierung nun zuletzt vorwerfen kann, interessierte nicht: Als lebten wir noch in den fünfziger Jahren, also in einer Gesellschaft, in der die Täter noch gesellschaftliche Schlüsselpositionen einnehmen, sollte hier Nestbeschmutzung verhindert werden.[16] Bis es zu dieser Perfektion einer, im wahrsten Sinne des Wortes unbewußt-bewußten Abwehr kam, mußte ein weiter Weg gegangen werden, der nicht zufällig 1989 beginnt. Während am 9. November 1989 in Westberlin die Öffnung der Grenze gefeiert wurde, trafen sich an die tausend Leute in der KZ-Gedenkstätte Neuengamme bei Hamburg. Aus Anlaß des 51. Jahrestages des Novemberpogroms demonstrierten sie an diesem Ort Solidarität mit von Abschiebung bedrohten Roma und Sinti. Schon zuvor hatten diese mit der Besetzung der Gedenkstätte für ihr Bleiberecht demonstriert; sie wurden von der Polizei geräumt. Die Roma planten für diesen Abend eine erneute Besetzung des Geländes; diesen Plan ließen sie aber schnell fallen, als die Nachricht von der Grenzöffnung sie erreichte – gegen das nationale Glücksgefühl der Deutschen konnten sie sich nicht durchsetzen. Nach den fast zehn Jahren, die seither vergangen sind, scheint dieses Ereignis symptomatisch zu sein: Für einen Umgang mit der deutschen Geschichte, der den Nationalsozialismus und die deutschen Nachkommen mit dem Ziel einer vollständigen Entlastung der Nation relativiert und, daraus folgend, für ein von letzten Resten eines ohnehin nur äußerlichen Respekts befreites Auftreten gegenüber den Überlebenden der deutschen Verbrechen und deren Angehörigen. Dem Ziel einer endgültigen Entlastung – einem „Schlußstrich“, allerdings nur unter eine Auseinandersetzung mit dem Nationalsozialismus, deren Konsequenz revolutionäre Umwälzung wäre – ist man in Deutschland in diesen Jahren näher gekommen. Schritt für Schritt wurde der deutsche Faschismus neu bewertet. In der Debatte um die Wiedervereinigung ging es um die Vorbehalte des Auslands und der Juden gegen das neue Deutschland, denen auf zweierlei Weise begegnet wurde: Zum einen mit der Arroganz der neu gewonnen Souveränität – Kohl fiel durch seine aggressive Reaktion auf die Bedenken des Jüdischen Weltkongresses auf – und zum anderen mit der Behauptung, die Deutschen hätten aus der Geschichte gelernt, deswegen sei eine Vereinigung von BRD und DDR vollkommen ungefährlich. Hintergrund dieser ersten Debatte wie auch der anderen, die nun Jahr für Jahr aufgeführt wurden, ist das Bedürfnis nach nationaler Identität oder, in den Worten des neuen Kanzlers Schröder, nach dem „Selbstbewußtsein einer erwachsenen Nation". Als mit der rotgrünen Regierung die Nachkriegsgeneration das politische Geschäft übernahm, schien dieses Ziel erreicht. Nicht umsonst wurden die historischen Debatten der letzten Jahre von eben diesen Leuten begonnen und geführt, deren oppositioneller Mythos eine grundlegende Auseinandersetzung mit dem deutschen Geschichtsverbrechen ist. Bevor sie die Macht übernehmen konnten, mußten die Achtundsechziger sich mit der Nation versöhnen. Schon bei der „Umgestaltung" der KZ-Gedenkstätten in der ehemaligen DDR zu Gedenkstätten des Antitotalitarismus 1991/1992 nutzten sie die Gelegenheit zur Abrechnung mit dem Antifaschismus und zur Einopferung der Täter. In den Gedenkstätten Sachsenhausen und Buchenwald wird seitdem auch der Internierungslager gedacht, in denen die sowjetische Besatzungsmacht zwischen 1945 und 1950 vor allem Nazis einsperrte. Daß es hier nicht zu einer vollkommenen Gleichsetzung kam, ist nur dem Protest internationaler Häftlingsverbände zu verdanken. Innerhalb Deutschlands blieb der Protest auf wenige Gruppen beschränkt. Als im November 1993 die Neue Wache als nationale Gedenkstätte „für die Opfer von Krieg und Gewaltherrschaft" eingeweiht wurde, war ein weiterer Schritt zur Revision der Geschichte vollbracht: Aus den Tätern wurden Opfer. Schon damals war es Klaus von Dohnanyi egal, ob sein Vater, der noch kurz vor dem 8. Mai 1945 von den Nazis ermordet worden war, nun als Opfer des Krieges oder der Gewaltherrschaft zu bezeichnen ist. Grundlage dieser Gleichsetzung ist das autoritäre Selbstverständnis eines antitotalitären deutschen Demokraten.

Fünf Jahre später hörte Dohnanyi in Walsers Rede die „Klage eines Deutschen – allerdings eines nichtjüdischen – über den allzu häufigen Versuch anderer, aus unserem Gewissen Vorteile zu schlagen.“[17] Der Konsens der Ära Kohl war mit Walsers Rede dahin: Auch die Einopferung der Täter genügte nun nicht mehr. Auschwitz, so heißt es heute, läßt sich „immer wieder gut verkaufen oder – wie Walser auch sagt – instrumentalisieren“. Und wer könnte geeigneter sein als die Deutschen, wenn es darum geht festzustellen, wer „aus unserem Gewissen Vorteile“ schlagen will? „Wir selbst sind es gewesen“, meint Dohnanyi. „Die Schande trifft noch heute jeden einzelnen von uns als Deutschen.“ Nicht als Mensch, der reflektieren und sich entscheiden könnte, ob er diesem deutschen Kollektiv angehören will; unvorstellbar ist es Dohnanyi, daß ein Mensch, und sei er Deutscher, auf die Idee käme, er könnte sich entscheiden, wenn schon nicht Widerstand zu leisten, so doch das Land zu verlassen, das ihm keine Möglichkeit läßt, eine solche Entscheidung zu umgehen. „Immer wieder zu formulieren: das Schuldbekenntnis der Deutschen ... war ein famoses Verfahren, das völkische Gemeinschaftsempfinden in die Nachkriegsperiode hinüberzuretten. Das Wir zu bewahren war die Hauptsache“, beschrieb Max Horkheimer diesen Mechanismus nach seiner Rückkehr nach Deutschland[18]. Seine Aktualisierung durch Walsers Rede von der „Schande“ und das Einverständnis danach, zeigt das vollständige Scheitern der Reeducation als einen Versuch, andere als volksgemeinschaftliche Vergesellschaftungsmodelle in Deutschland durchzusetzen. Zum fünfzigsten Jahrestag des Attentats auf Hitler, am 20. Juli 1994 wurde mit dem kommunistischen Widerstand abgerechnet. Schlimmer als der deutsche Faschismus soll der Staatssozialismus gewesen sein. Zugleich mit der erneuten Würdigung der „Gewissenstäter“ vom 20. Juli, deren Problem nicht der Massenmord an den Juden, sondern die drohende Niederlage Deutschlands war, wurden die kommunistischen Widerstandskämpfer den Nazis gleichgesetzt. In der

Debatte um den 50. Jahrestag der deutschen Niederlage am 8. Mai 1995 waren die rechten Stimmen um Alfred Dregger, den ehemaligen CDU-Fraktionsvorsitzenden, marginalisiert, als sie in einem Aufruf „gegen das Vergessen" nicht von Befreiung sprechen wollten. Die Feierlichkeiten wurden zu einer Demonstration deutscher Souveränität und der Befreiung von alliierter Bevormundung; sie waren das offizielle Ende der Nachkriegszeit. Der so befürchtete wie erhoffte Schlußstrich wurde jedoch nicht gezogen: Die Debatte um Daniel J. Goldhagens Buch „Hitlers willige Vollstrecker" 1996 diente dazu, den Unterschied zwischen dem damaligen und dem heutigen Deutschland zu verdeutlichen, und auch der Autor bescheinigte den Deutschen, sie seien heute Demokraten. Um dies unter Beweis zu stellen, geriet die Ausstellung „Vernichtungskrieg. Verbrechen der Wehrmacht 1941 bis 1944" ab 1996 zur Inszenierung der Ausgewogenheit deutscher Vergangenheitsbewältigung: Nun bescheinigten die Deutschen sich selbst, daß die Auseinandersetzung mit der Vergangenheit weitgehend abgeschlossen war. Im Unterschied zu Bitburg und zum Historikerstreit wurden die Themen nicht von Rechten, sondern von den Achtundsechzigern bestimmt. Besonders auffällig ist dies in der seit 1992 andauernden Debatte um das „Denkmal für die ermordeten Juden Europas". Die Initiative von Lea Rosh und anderen verdienten „Erinnerungsarbeitern" war die Konsequenz daraus, daß nach Auschwitz eine halbwegs widerspruchsfreie deutsche Identität nur möglich ist, wenn die deutschen Verbrechen zur Legitimation der Interessen des heutigen Deutschland dienen können. Diese Debatten folgen der Logik demokratischer Entscheidungsprozesse, in der die Beteiligten einen Konsens für unabdingbar halten; so wurden Jahr für Jahr einzelne Aspekte der nationalsozialistischen Vergangenheit abgehandelt und neu bewertet. Die Kontroversen gab es nicht zwischen grundsätzlich unterschiedlichen Positionen, sondern zwischen verschiedenen Herangehensweisen zur Erreichung eben desselben Ziels. Der letzte notwendige Schritt zur Wiedererlangung der auch militärischen Souveränität Deutschlands war Walsers Friedenspreis-Rede vom 11. Oktober 1998, mit der die deutsche Beschäftigung mit der NS-Vergangenheit selbst zum Thema wurde. Es geht um einen Leitfaden für die Zukunft, nicht um einen Schlußstrich unter die Vergangenheit. Die Deutschen wollen aus der Nacht zum Lichte empor, aus den Verstrickungen des „Weltbürgerkriegs" (Ernst Nolte) in die Unschuld der autoritären „Zivilgesellschaft" deutscher Prägung, für die die neue Regierung steht. Sie wollen Aufgaben gemeinsam anpacken und schmieden den Generationenvertrag, der die Flakhelfergeneration mit der Abi-99-Generation verbindet. Sie richten die deutsche Geschichte und damit den nationalen Auftrag neu ein. Sie werden den Hinweis auf Auschwitz genauso für ihre Zwekke gebrauchen können wie den auf die im Grunde anständige Wehrmacht. Und sie werden die Klage über die ermordeten Jüdinnen und Juden mit dem Hinweis zu kombinieren wissen, daß die Mehrzahl der Berliner Kaufhäuser bis 1933 Juden gehört hat.

Der Heißhunger nach Normalität bringt alle jene Eigenschaften zum Vorschein, mit denen die „Generation Berlin" gebrochen haben will. Der im „Spiegel" abgefeierte „neue Umgang mit der Nazi-Vergangenheit" ist der alte; nur seine Protagonisten sind heute Jüngere. Daß es sich hierbei um jene handelt, die für sich in Anspruch nehmen, die Bundesrepublik 1968 zivilisiert zu haben, ist ein deutliches Zeichen dafür, daß die Auseinandersetzung persönlich wie politisch nur äußerlich blieb. Die immer wieder erschreckende und zugleich ermüdend langweilige Erkenntnis, daß offenbar diese Mechanismen trotz „Achtundsechzig" ein ziemlich eigenständiges Nachleben haben, könnte auf einen anderen Zusammenhang hinweisen: Daß es nicht der Erfolg der Achtundsechziger war, diese Auseinandersetzung geführt zu haben, sondern, im Gegenteil, der Grund ihrer Kapitulation, weil sie in dieser Auseinandersetzung gescheitert sind. Die neurotischen Blüten, die dieses Scheitern hervorbrachte – die Gründung von ML-Parteien, Proletkult, Waschzwang, Genußfeindlichkeit und, daraus folgend dann das zwanghafte Familiengründen und die Wiederentdeckung der Esoterik –, könnten als Folge der Abwehr jener Erkenntnis gewertet werden, die auch heutzutage negiert wird: daß die tiefe subjektive Verstrickung der Eltern bzw. Großeltern, die ihren Ausdruck eben nicht in der Tat oder der Beteiligung an ihr, sondern in der Bereitschaft zur Tat und zur Tatbeteiligung findet, nicht gerade dazu animiert, es noch einmal mit der „Emanzipation der Deutschen zu Menschen[19] zu versuchen.

Vom Denkmal zum Krieg

„Sie wollen lieber ein 'Land der Täter' als gar keine nationale Kuschelecke."
Eike Geisel, *Die Fähigkeit zu mauern*[20]

Intellektuelle sind, wie alle anderen, die ihre Arbeitskraft verkaufen müssen, vom Markt abhängig; wie andere Menschen den Konjunkturen, sind sie Denkmoden unterworfen. Der kluge bürgerliche Intellektuelle weiß Konjunktur und Denkmode so miteinander zu verbinden, daß er nicht als Opportunist der Konjunktur erscheint; stattdessen weiß er seine Affirmation des jeweils neuesten Denkens als marktunabhängigen Erkenntnisfortschritt zu verkaufen, diese Autonomie zum Gradmesser seiner Objektivität zu machen und in bare Münze zu verwandeln. Im besten Falle ist immerhin die Konsequenz, daß man die Verhältnisse eins zu eins widerspiegelt, weil man sie nicht abstrahieren kann oder möchte. War in einem kurzen historischen Moment, zu Beginn des neunzehnten Jahrhunderts die bürgerliche Freiheit wenigstens noch eine des Denkens, weil der Markt entsprechende Mittel freisetzte und der Verwertung noch nicht der bürgerliche Staat in seiner vollen Scheußlichkeit als ihr Organisator beigesellt war, so ist im ausgehenden zwanzigsten Jahrhundert jene Autonomie des Subjekts, die den bürgerlichen Intellektuellen zur Kritik geradezu verdonnerte, zur Pose verkommen. In dem Maße wie die Intellektuellen zu Angestellten des staatlich alimentierten Denkbetriebes wurden, verkam die bürgerliche Moral, im 19. Jahrhundert noch Zielscheibe ätzenden Spotts, zum letzten Freigehege der Philosophie und der Literatur; den Rest erledigen Betriebspsychologen und Marketingstrategen. Intellektuelle müssen sich heute, so sie ihre Meinung zu Markte tragen, seinen Gesetzen unterwerfen. Das heißt, sie müssen sich überlegen, was sie sagen und wann sie es sagen. Die Zeiten, in denen sie – wenigstens subjektiv – frei vom Verwertungsinteresse ihre Überlegungen anstellen konnten, sind vorbei; ihre Bemühungen, den Zeitgeist auf Flaschen zu ziehen, gehen auf Kosten des Denkvermögens. Das gilt offensichtlich auch für emeritierte Professoren. Denn hofft man, sie nutzten die Entbindung von der Lehrpflicht, um sich mit abseitigen Dingen oder Memoiren zu beschäftigen, um mit anderen abzurechnen und sich schlecht gelaunt und knarzig zu gebärden, also im besten Sinne kulturkonservativ, wird man enttäuscht. Vielmehr ist zu erleben, daß sie ihre neu gewonnene Freiheit gar nicht zu nutzen vermögen und folglich keine Gelegenheit auslassen, dem Gang der Dinge zu bestätigen, er sei ganz in ihrem Sinne. Meistens fällt dergleichen nicht auf, weil man ohnehin nichts besseres gewohnt ist. Nur wenn die so vollmundige wie vorbehaltlose Affirmation des Bestehenden zur Demonstration seiner ganzen Unerträglichkeit gerät, weil der Zeitpunkt deplaziert und der Inhalt deswegen unverkäuflich wird, erleben wir einen der seltenen Momente, in denen die Erbärmlichkeit der Intellektuellen offenbar wird. Wie geradezu peinlich es sein kann, wenn ein emeritierter Professor sich vorher nicht richtig überlegt, was er sagen will und wann, also scheinbar die Regeln des Marktes ignoriert, um sie so auf noch eindrucksvollere Weise zu bestätigen, zeigte Jürgen Habermas in seinem Plädoyer für das Holocaust-Mahnmal unter der Überschrift „Der Zeigefinger: Die Deutschen und ihr Denkmal“[21]. Darin faßte der Prediger des kommunikativen Handelns die erinnerungspolitischen Debatten der letzten Monate zusammen und plädierte in Sachen des Holocaust-Mahnmals für den „negativen Pathos“ des Entwurfs „Eisenman II“, der gestutzten Version des Stelenfeldes, einer Empfehlung, der der Bundestag gerne nachgekommen ist. Um nicht mißverstanden zu werden: Es liest sich gefällig, wenn Habermas über Gerhard Schröder schreibt: „Auf die telegen-trivialisierende Weise gelingt ihm mit wenigen Bemerkungen eine Entsorgung der Vergangenheit, die Kohl auf seine pompös-historisierende Art in Bitburg noch verfehlt hatte." Oder wenn er den Vorschlag des SPD-Theologen Richard Schröder abkanzelt, dem nur ein Obelisk mit dem Gebot „Du sollst nicht töten" in althebräisch ein wirklich „mahnendes Mahnmal" sein kann: „Mit Verletzungen des fünften Gebots müssen wir seit Menschengedenken leben, mit dem Holocaust seit wenig mehr als einem Menschenalter."

Alles erwägend, dieses und jenes berücksichtigend, aber auch deutliche und scharfe Worte zu finden für derlei Unsinn, so kennt man Habermas. Und so kennt Habermas sich selbst: In Duktus und Stil erinnert sein Essay an seine Polemik gegen Ernst Nolte, mit der er den Historikerstreit entschied. Damals setzte Habermas gegen den Revisionismus und den antiaufklärerischen Opfermythos der Deutschen das Bekenntnis zur bürgerlichen Demokratie, gegen die Kultur die Zivilisation, gegen die Opfergemeinschaft die plurale Gesellschaft. Mehr als ein Jahrzehnt später – unterdessen ist die „Zivilgesellschaft" angeblich Realität geworden und eine ganze Generation von Soziologen beschäftigt sich mit nichts anderem, als ihre Vorteile zu preisen – haben die Begriffe mit denen Habermas operiert, ihre schwammige Unbestimmtheit und damit auch ihre Unschuld verloren. „Bürgergesellschaft" zum Beispiel steht für die reaktionären Ergüsse von Ex-Linken wie Sibylle Tönnies, die damit nicht etwa die Gesellschaft meinen, sondern die Symbiose von autoritärem Staat und bürgerlicher Selbstverantwortungsmoral, eine kommunitaristisch aufgebürstete Volksgemeinschaft. „Die von Walser angestoßene Debatte hat das Blatt gewendet", schreibt Habermas zu Beginn seines Essays und setzt fort: „Der Schuß ging nach hinten los. Die politische Öffentlichkeit hat sich freilich von diesen Rülpsern einer unverdauten Vergangenheit, die aus dem Bauch der Bundesrepublik in regelmäßigen Abständen aufsteigen, diesmal nur dank der Courage – das war das Beunruhigende – eines prominenten Juden befreien können." Das klingt nicht nur danach, das ist Pfeifen im Dunkeln. Wenn man in Dunkeln pfeift, sieht man auch nicht besser, aber es hilft gegen die Angst. Die im Zusammenhang mit Walsers Rede verbreiteten Assoziationen von Gedärmen und Rülpsern, bisweilen auch Fürzen, machen das Dilemma deutlich: Hier funktioniert das vegetative Nervensystem unabhängig vom Bewußtsein. Das daran auch etwas bedrohlich ist, vermag Habermas nicht zu artikulieren; denn auch er verliert keinen Satz darüber, weshalb er den richtigen Zeitpunkt für eine Intervention seinerseits verpaßt hat. Zugleich will er das wettmachen; davon zeugt jeder Satz. Nichtsdestotrotz kritisiert Habermas „eine Berliner Republik, die der falschen, der monumentalen Vergangenheit gewidmet werden soll". Die Ursache sieht er in einer „enttäuschten Linken", die sich eine „gesellschaftliche Polarisierung" nicht mehr zutraue und folglich „den nationalen Knoten" schürze. Die große Koalition „aus Michael Naumann und Wolf Jobst Siedler, Antje Vollmer und Hanna Renate Laurien, Ferdinand Fürst von Bismarck und Wolfgang Thierse" macht auch ihm Sorgen; die für Habermas ungewohnt deutlichen Formulierungen lassen auf wirkliche Besorgnis schließen. Zugleich, und da zerfällt der Text, formuliert er immer wieder so, als wäre diese große Koalition irgendeine gesellschaftliche Gruppe und nicht die politische Klasse des neuen Deutschland. Schließlich hat auch Habermas etwas zu verlieren, die Hypothese seiner Konsenslehre steht zur Disposition: „die allmähliche Verfertigung einer liberalen, über tiefe innenpolitische Gräben hinweg erkämpften politischen Kultur". Habermas weiß, daß die Debatte um das Denkmal für die ermordeten Juden „im Zusammenhang mit der politischen Selbstverständigung der heutigen Generationen" steht und findet, „es kann nicht der Zweck dieses Denkmals sein, den Holocaust als 'Gründungsmythos' der Bundesrepublik‹ einzusetzen". Wenige Sätze später aber schreibt er: „Natürlich richtet sich der symbolisch zum Denkmal gerinnende Akt der

Selbstvergewisserung, der ja nicht zufällig den Beginn der Berliner Republik markieren soll, an die Deutschen von morgen." Dieser Widerspruch, den Habermas nicht auflösen kann, ohne sich über den ideologischen Charakter seiner Theorie selbst aufzuklären, wird auch in seiner Auseinandersetzung mit dem Vorschlag von Richard Eisenman deutlich: „Gewiß, ich hätte mir auch einen anderen Ort und eine andere Gestalt als das Stelenfeld von Serra und Eisenman vorstellen können – zum Beispiel den von Salomon Korn vorgeschlagenen 'abgrundtiefen Spalt' vor dem Eingang zum Berliner Parlamentsgebäude, über den dann jeder hinwegmüßte, der den Bundestag betritt oder verläßt." In dieser Beschreibung wird das Verständnis von Auschwitz als Zivilisationsbruch deutlich; über eine Brücke wird die Vorgeschichte von Auschwitz mit der danach verbunden, die Vernichtung bleibt im Wortsinne der Abgrund der bürgerlichen Gesellschaft. Von diesem Wunschbild eines gründlich zivilisierten Deutschlands bleibt aber auch bei Habermas nicht viel übrig: „Solange die Integrität des Denkmals nicht ohne massives Polizeiaufgebot rund um die Uhr gesichert werden kann, hat unser Land eben die Art doppelbödiger Normalität noch nicht erreicht, die hier – *for the time being* – einzig möglich ist." So kapituliert er vor seinen eigenen Begriffen, es bleibt nur die Doppelbödigkeit, die letztlich nichts anderes ist als das Fortwesen des Faschismus in der Demokratie. Aber diese Diagnose Adornos, die noch an die Unhaltbarkeit dieses Zustands gemahnt, ist Habermas' Sache schon lange nicht mehr. Deswegen folgt der Erkenntnis nie die Kritik, sondern immer die Versöhnung. „Der Holocaust fordert die Deutschen zu einer räumlichen und zeitlichen Entgrenzung der moralischen Verantwortung der demokratischen Bürgergesellschaft auf." Was wie eines der im Frühjahr 1999 häufigen Plädoyers für den sofortigen Einsatz von Bodentruppen in Jugoslawien klingt, ist Habermas' verzweifelter Versuch, mit eben jenen Begriffen, die den ersten deutschen Angriffskrieg seit 1945 legitimierten, die Berliner Republik auf die Seite der Zivilisation zu retten. Daß er wenige Wochen später in einem zweiten Essay den Krieg legitimierte, ist der stärkste Beleg für den Zusammenhang der geglückten Vergangenheitsbewältigung und der Notwendigkeit des Kosovo-Krieges für die Berliner Republik.

Ein deutscher Krieg

Wer gegen den Kosovo-Krieg war, sah sich dem rabiaten Vorwurf ausgesetzt, einem Völkermord tatenlos zusehen zu wollen oder gar zu leugnen, daß sich im Kosovo etwas abspielt, was diesen Namen verdient. Um dieser Gefahr zu entgehen, argumentierten Kriegsgegner vor allem mit den vorgeblichen Interessen der NATO, der USA und Europas, manchmal auch Deutschlands. Dann wurde ihnen vorgeworfen, ihnen seien die Opfer egal. Und sie antworteten damit, daß für die NATO schließlich das gleiche gelte. Kriegsbefürworter und Kriegsgegner sind allerdings auch quer zu ihrer Haltung zum Krieg gespalten. Für die einen war der Krieg ein Fiasko für die NATO (einige freuen sich darüber, andere weniger), für die anderen war er der Durchbruch einer neuen Weltordnung, die sich seit dem Zusammenbruch des Staatssozialismus abgezeichnet hatte, mithin das endgültige Ende der Nachkriegszeit (und wieder freuen sich einige, andere sind entsetzt). Nur wenige fanden, daß die eine Option der anderen nicht widerspricht. So auch Robert Kurz, der dafür plädierte, „auf scharfe Distanz zu jeder Parteilichkeit zu gehen und die ganze Konstellation mit ihren falschen Alternativen zu verwerfen.“[22] Einig waren sich fast alle – auch Kurz – hingegen darin, daß es sich bei diesem Krieg nicht um einen deutschen Krieg handeln konnte, selbst wenn man (positiv wie negativ) in Rechnung stellte, daß der Legitimationsgewinn für des neuen Deutschlands von allen beteiligten Staaten am größten ist – jedenfalls im Verhältnis zum minimalen Risiko, daß die Bundesregierung eingehen konnte. Aber daß dieser Krieg ein deutscher Krieg war, von seinen Voraussetzungen bis zu seinem Ende, das darf und kann nicht sein, auch nicht für Kurz: „Weder zwingt ein übermächtiger US-Imperialismus etwa der BRD seine spezifischen Interessen auf, noch ziehen umgekehrt deutsche Außenminister den US-Koloß über den Tisch. Vielmehr ist es der dumpfe Drang, die ausufernde Krise des warenproduzierenden Weltsystems weltpolizeilich einzudämmen." Nun widerlegt das Argument des Krisenvollzugs keineswegs das Argument, es gebe auch dessen Vollstrecker. Außer bei Kurz, wo „der dumpfe Drang" zum Subjekt avanciert. Wo jedoch strukturelle Determinanten selbsttätig agieren, trägt auch die Analyse alle Züge einer Zwanghaftigkeit, die nur dann wahr wäre, wenn es keine Kritik an ihr mehr geben würde. Die in Teilen der radikalen Linken offenbar ernsthaft geführte Diskussion über die Rolle der USA und das Verhältnis Deutschland-Europa ist selbstverständlich absurd. Nicht weniger absurd ist es jedoch, sich auf eine Kritik der „Ökonomie der Ausgrenzung" zu beschränken, in denen die Charaktermasken der Politik zu *unfreiwilligen* Vollstreckern des Kapitalverhältnisses werden. Denn letztlich gibt es immer noch die Entscheidung zwischen mehr oder weniger grausamen Konsequenzen aus Sachzwängen, die nichtsdestotrotz selbst ideologisch sind und sich nicht unmittelbar aus dem aktuellen Zustand der Wertvergesellschaftung ergeben. So sehr Kurz mit seiner allgemeinen Analyse der globalen „Überlebenskonkurrenz" richtig liegen mag – in dieser Allgemeinheit erledigt sie jedoch die mörderische ideologische Komponente des Krieges, indem sie aus der Irrationalität des Vollzuges das Ende des Nationalen ableitet: "Die national zentrierten territorialen Imperien und 'Einflußzonen' haben ausgedient." Es gibt folglich nur noch ein Problem: „Der westliche Kapitalismus weigert sich natürlich auf ganzer Linie, das globale Scheitern seines Gesellschaftssystems einzugestehen." Man stelle sich vor, wie Clinton, Schröder, Blair usw. auf dem Kölner G8-Gipfel ihr Scheitern eingestehen: „Sorry, folks, es hat nicht sollen sein." Objektiv mag der westliche Kapitalismus gescheitert sein, nur einsehen wollen es offenbar nur wenige. Deren politische Macht jedoch kommt nach wie vor aus den Gewehrläufen. So sehr

Kurz gegen jene Kriegsbefürworter zuzustimmen ist, die im Krieg gegen Jugoslawien eine Schlacht der Aufklärung gegen die Barbarei sehen wollen, so wenig reicht seine Analyse aus, um die – selbstverständlich nicht auf den Balkan beschränkte – Wiederkehr völkischer Mordlust zu erklären; schließlich kann sie nicht einmal als bloße Widerspiegelung der kapitalistischen Krisenlogik gelten. Deswegen lohnt es, einen genaueren Blick auf diesen Krieg als einen deutschen zu werfen.

Schon die Rechtfertigung des Krieges, er wäre geführt worden, um einen Völkermord zu verhindern oder zu beenden, ist ein erster Hinweis auf Deutschland: Nur in einem moralischen Krieg konnte es Deutschland gelingen, militärisch wieder auf den Plan zu treten. Das heißt aber auch: So einfach kann man sich der Frage, ob es sich bei dem Geschehen im Kosovo um einen Völkermord handelte oder nicht, nicht entziehen, genauer: der Frage, warum ein Bürgerkrieg, der schon immer die grausamste Form des Krieges ist, nun Völkermord heißen sollte. Der Bürgerkrieg schien entschieden, als die NATO-Angriffe begannen: die UCK hatte verloren, und die jugoslawische Armee machte sich daran, die letzten Stützpunkte der Separatisten auszuheben. Daß das Vorgehen von jugoslawischer Armee und serbischen Milizen sich nicht von dem anderer Gewalthaufen unterschieden haben wird, die in einem nationalistischen Konflikt zum Einsatz kommen, darf angenommen werden. Die NATO ist aber nun nicht angetreten, um einen grausamen Bürgerkrieg zu beenden – das hätte ein Mindestmaß an Neutralität und Vermittlungsbemühung vorausgesetzt, wie dies beim Dayton-Vertrag über Bosnien-Herzegowina noch (auf Druck der USA gegen Deutschland, das schon damals lieber Krieg wollte) der Fall war –, sondern einen „Völkermord". Ein zweites Dayton aber konnte es nicht geben, weil Deutschland dieses Mal Krieg führen wollte. Und deswegen mußte der Vergleich zu Auschwitz her, darunter hätte es keine Zustimmung für eine deutsche Beteiligung gegeben. Erstaunlich ist in der Tat, daß die Völkermordrhetorik geglaubt wurde – nicht obwohl, sondern weil es keine Beweise gab. Nicht einmal im nachhinein langten die gefundenen Massengräber zu einem Vergleich mit dem Krieg in Bosnien aus. Als Kriegsminister Rudolf Scharping am 30. April 1999 eingestehen mußte, daß die von ihm vorgelegten „Beweise" für ein serbisches Massaker an kosovo-albanischen Zivilisten in Rogova Ende Januar 1999, schon wenige Tage später von Reuters veröffentlicht worden waren und keineswegs Zivilisten, sondern UCK-Kombattanten zeigten (weshalb diese Bilder damals auch verschwanden), berief er sich erneut auf Bilder und Zeugenaussagen, die nur ihm zugänglich seien, und legte dem dann doch leicht düpierten Journalisten nahe, daß die Infamie der Mörder doch gerade darin bestünde, keine Beweise für ihr Tun zu hinterlassen[23]. Daß es nun ein Massengrab für die Opfer eines Massakers geben soll, das eingestandenermaßen so nicht stattgefunden hat, bestätigt es: Der wohlfeile Satz „Die Wahrheit stirbt zuerst" war die beste Propagandalüge dieses Krieges. Deswegen wird er ein ums andere Mal von Leuten wiederholt, die Wahrheit sowieso für unwahr halten, weil es für sie, um mit Nietzsche zu sprechen, keine Fakten, sondern nur Interpretationen gibt. Die vorgeblich kritische Distanz zum Geschehen, die sich in diesem Satz ausdrückt, ist nichts anderes als genau das Maß an Abgebrühtheit, die man braucht, um ununterbrochen über Konzentrationslager, Deportationen, Völkermord reden zu können, ohne befürchten zu müssen wegen der mehr als dürftigen Beweislage zur Rechenschaft gezogen zu werden. Aber genau darum geht es: Es braucht keine Beweise mehr, wenn von Auschwitz die Rede ist. Wer Beweise fordert, steht im Verdacht, Auschwitz leugnen zu wollen. Und weil Auschwitz heute in Serbien liege, leugneten alle, die das bezweifeln, auch Auschwitz. Der Grund dieser totalen Verkehrung liegt in der gerade in der deutschen Achtundsechziger Linken so beliebten Kritik an den Westalliierten: Anstatt Auschwitz zu bombardieren, hätten sie mit dem Bombenterror auf deutsche Städte viele Unschuldige getötet.[24] Die Unterstellung ist, daß die Alliierten den Krieg nicht wegen Auschwitz führten, sondern weil sie eigene Interessen durchsetzen wollten, wie es dann in der BRD und der DDR der Fall gewesen sei. Im allgemeinen folgte dieser Darstellung eine antiamerikanische Tirade gegen die Reeducation und gegen Hollywood, verbunden mit Hinweisen auf den Völkermord an den Indianern und dem Satz „Jedes Land hat seinen Holocaust". So wurde „Holocaust" zu einem beliebigen dunklen Fleck der nationalen Geschichtsschreibung. Aber es geht noch weiter: Wären die Alliierten früher gegen Deutschland vorgegangen, hätten sie doch wahrscheinlich vor einer ähnlichen Situation gestanden wie die NATO heute im Kosovo. Sie hätten nicht genau wissen können, ob es sich um einen Völkermord handelte und gleichwohl deswegen präventiv gehandelt. Dieser Vergleich braucht keine Begründung mehr: hier handeln Moralisten. Sie führen Krieg nicht aus niederen materiellen Beweggründen, sondern für die Menschenrechte, gegen jedes potentielles Auschwitz. Man will nie wieder „Nie wieder" sagen müssen.

„Die serbischen Schreckenstaten unterscheiden sich von denen der Nazis grundlegend nur durch die geringeren Dimensionen ... Die Serben beabsichtigen nicht die totale Vernichtung eines ganzen Volkes, wie die Nazis es bei den Juden versucht haben. Aber auch die Serben verfolgen ein eliminatorisches Projekt, um ganze Landstriche zu 'säubern'." Da gibt es nur eine Konsequenz: „Wie bei Deutschland und Japan ist auch hier die militärische Niederwerfung, Besetzung und Neugestaltung der politischen Institutionen eine moralische und praktische Notwendigkeit."[25] Als Daniel J. Goldhagen, der Autor dieser Zeilen, in seinem Buch „Hitlers willige Vollstrecker" die BRD ob ihrer demokratischen Errungenschaften lobte, konnte man dieses befremdliche Lob noch damit erklären, daß er den Unterschied zwischen der nationalsozialistischen Volksgemeinschaft und der deutschen Nachkriegsgesellschaft herausstellen wollte. Als er jedoch nach seiner Studie über „die ganz normalen Deutschen und den Holocaust" eine „vergleichende Studie über Völkermorde im zwanzigsten Jahrhundert" ankündigte, wurde klar, daß es ihm bei all seiner Beschäftigung mit Völkermord um nichts anderes die Affirmation der bürgerlichen Demokratie geht – was angesichts dessen, daß sie als einziges Form der politischen Souveränität übrig geblieben ist, kein besonders gelungenes Kunststück ist. Folglich gibt es für ihn schon beim leisesten Anzeichen für Völkermord keine Alternative zum sofortigen Handeln: „Die Kosten der Untätigkeit in einer Welt, in der mörderische Potentaten ihre haßerfüllten Völker in genozidale Angriffskriege führen, sind so hoch, daß selbst jene, die skeptisch gegenüber dem Einsatz der NATO sind, sehen müssen, daß es keine andere moralische Option als das endgültige militärische Niederwerfen der Völkermörder unserer Tage gibt." So sah es auch Habermas. Er tat, wozu Schröder, Scharping, Fischer auch unter Aufbietung all ihrer geistigen Kapazität nicht in der Lage wären und lieferte die theoretische Begründung des Krieges nach. Die hervorstechendste Qualität seines in Anlehnung an Carl Schmitt mit „Bestialität und Humanität"[26] überschriebenen Textes ist, daß er die neue Weltsicht der Berliner Republik mit schonungsloser Offenheit darlegt: Am 24. März 1999 begann der permanente Krieg zur Durchsetzung der Menschenrechte, und Deutschland ist endlich Teil der Koalition gegen die „Hitler" der Peripherie geworden. Habermas läßt in seiner nicht nur sprachlich vollendet ideologisierten Apologie des Krieges jedes Reflexionskriterium selbst der positivistischen Wissenschaft zur Makulatur werden; die Distanz zum Politischen, Voraussetzung jeder Kritik, fehlt ebenso wie Unterscheidung zwischen Fakten und Propaganda. Die Bedingungen des Abkommens von Rambouillet, die nicht unterschreiben konnte, weil sie das Ende Jugloslawiens bedeutet hätten, gehorchen für Habermas „denselben makellosen (!) Prinzipien, nach denen das Dayton-Abkommen für ein liberal verfaßtes multiethnisches Bosnien konstruiert worden ist.“ Habermas’ wilde Halluzination belegt, daß dieser Krieg alle die Lügen strafte, die glauben, die kapitalistischen Staaten könnte auch ohne Krieg, nur mit dem Mittel der ökonomischen Durchdringung ihre Interessen durchsetzen. Dieser Krieg war nicht irgendein Dutzendkrieg, sondern nur die Fortsetzung der allgemeinen Krise, der die formierten Gesellschaften des Westens nur mehr militärisch begegnen können. Das eigentümliche Neusprech von Habermas erinnerte zwar an kriegsgeile Verteidigungsminister und NATO-Sprecher während des täglichen Briefings, er verschleierte aber nicht die Tatsachen, sondern enthüllte sie. Darüber hinaus gelang es sowohl Habermas als auch Goldhagen, die vorherrschenden Argumente gegen den Krieg auf ihren Begriff zu bringen, indem sie diese zu seiner Legitimation benutzen. Staatliche Souveränität? „Es ist ja nicht so, als ob in der postnationalen Konstellation kraftstrotzende Nationalstaaten von Regeln der Völkergemeinschaft gegängelt würden. Vielmehr ist es die Erosion der staatlichen Autorität, sind es Bürgerkriege und ethnische Konflikte innerhalb zerfallender oder autoritär zusammengehaltener Staaten, die Interventionen auf den Plan rufen“, meint Habermas – „Jedes Volk, das einen Unterwerfungskrieg führt, das Massenmord begeht und unbewaffnete Männer, Frauen und Kinder attackiert, hat das Recht auf Schutz verwirkt, den die Normen und Konventionen der Souveränität normalerweise garantieren“, antwortet Goldhagen. Die Begründung des Krieges mit dem Menschenrecht verschleiere partikulare Interessen? Weder „das den USA zugeschriebene Motiv der Sicherung und Erweiterung von Einflußsphären noch das der NATO zugeschriebene Motiv der Rollenfindung, nicht einmal das der ‘Festung Europa’ zugeschriebene Motiv der vorbeugenden Abwehr von Einwanderungswellen erklären den Entschluß zu einem so schwerwiegenden, riskanten und kostspieligen Eingriff“, so Habermas, dem zur Begründung des Krieges mit Auschwitz folgendes einfällt: „Die Gründung und die Menschenrechtserklärung der UNO sowie die Strafandrohung für Angriffskriege und Verbrechen gegen die Menschlichkeit – mit der Konsequenz einer wenigstens halbherzigen Einschränkung des Prinzips der Nichtintervention –, dies waren notwendige und richtige Antworten auf die moralisch signifikanten Erfahrungen des Jahrhunderts, auf die totalitäre Entfesselung der Politik und auf den Holocaust." Wenn Habermas' Text wenigstens bewirkt hätte, daß linke Kriegsgegner einem nicht mehr mit den vorgeblichen ökonomische Interessen, dem Selbstbestimmungsrecht der Völker oder den Menschenrechten kommen – einiges wäre gewonnen gewesen. Zur Abgrenzung dient Habermas Carl Schmitt: „Wer Menschheit sagt, will betrügen", zitiert Habermas den Juristen des deutschen Faschismus und entwickelt dagegen den Begriff der „Weltbürgergesellschaft", in der die nationale Souveränität der Staaten zugunsten der Menschen- und Bürgerrechte eingeschränkt wird. Das Außerkraftsetzen des Völkerrechts ist für ihn der Anfang einer „Transformation des Völkerrechts in ein Recht der Weltbürger"; der Aufhebung der staatlichen Souveränität liegt die „Idee einer menschenrechtlichen Domestizierung des Naturzustandes zwischen den Staaten" zugrunde, und Kriegführung heißt jetzt „Rechtspazifismus". Habermas kennt keine Parteien mehr, sondern nur noch „Weltbürger". (Robert Kurz beschreibt die gleiche Entwicklung nur negativ, indem er den "Weltbürger" als Charaktermaske der „individualisierten Totalkonkurrenz" begreift.) Indem er nichts anderes tut, als dem Vollzug der Verwertung zuzustimmen, degradiert er sich zu ihrem Agenten. Seine Forderung nach Abschaffung des Völkerrechts zugunsten von Menschenrechten, nach Demokratisierung und Verrechtlichung der internationalen Beziehungen, ist demnach auch nur die Zustimmung zur Erledigung der staatlichen Souveränität als des letzten Hemmschuhs für den „freien und gleichen Tausch unter Unfreien und Ungleichen"[27]. Staatliche Souveränität erscheint den Vollstreckern des Kapitalverhältnisses stets dann unbotmäßig, wenn sie den direkten Zugriff des Weltmarkts auf die Subjekte auch nur ein bißchen einschränkt. In diesem Sinne kann man auch gegen das neue Auschwitz sein, oder, wie Goldhagen es ausdrückt, „all die toten Zivilisten (sind) – ob wir es nun Genozid nennen oder nicht – genauso tot ... wie die ermordeten Juden, Polen, Russen, Schwulen zu Hitlers Zeiten." Eigentlich ist scheißegal, ob es sich um Genozid handelt – und gemahnte dies nicht allein schon an die Infamie der Revisionisten, vervollständigt die beliebige Aufzählung der Opfer den Eindruck, daß auch ihm die Opfer und ihr Leid vollkommen egal sind. Schließlich geht es ihm um „universelle Moral". Die formale Gleichheit des Menschenrechts jedoch ist die Grundlage für die reale Ungleichheit der Subjekte. Daß die Mehrheit der solchermaßen für den Weltmarkt Befreiten keinerlei Chance auf auch nur halbwegs hinreichende Versorgung mit Nahrungsmitteln hat, interessiert auch Habermas nicht: Die „durchgreifende Verrechtlichung der internationalen Beziehungen ist nicht ohne etablierte Verfahren der Konfliktlösung möglich", sprich: ohne Gewalt. Als wolle er alle Prophezeiungen Schmitts verwirklichen, folgert er: „Wer aber im Bewußtsein der Unvermeidlichkeit eines vorübergehenden Paternalismus handelt, weiß auch, daß die Gewalt, die er ausübt, noch nicht die Qualität eines im Rahmen einer demokratischen Weltbürgergesellschaft legitimierten Rechtszwangs besitzt." Das ist die Gemeinsamkeit zwischen Habermas und Goldhagen, der das nur pragmatischer formuliert: „Die Mehrheit des serbischen Volkes hat sich durch die Unterstützung oder Hinnahme seiner eliminatorischer Politik der moralischen und juristischen Kompetenzen beraubt, ihre eigenen Angelegenheiten zu regeln, und ist zu einer Gefahr für andere geworden." Bei Habermas heißt das Problem USA, denn diese betreibe „die globale Durchsetzung der Menschenrechte als nationale Mission einer Weltmacht, die dieses Ziel unter den Prämissen der Machtpolitik verfolgt", so wie Goldhagen es vorführt. Die EU hingegen verstünden unter Menschenrechtspolitik „eher ein Projekt der durchgreifenden Verrechtlichung internationaler Beziehungen, das die Parameter der Machtpolitik schon heute verändert." Im Unterschied zu Goldhagen bemerkt Habermas wenigstens noch die „Bruchlinien ... zwischen Kontinentaleuropäern und Angelsachsen", wobei es letztere sind, „die hauptsächlich den eigenen Waffen vertrauen." Deshalb entscheidet er sich für erstere. Die einfache und klare Weltsicht des Philosophen gipfelt schließlich in einer Zwei-Welten-Theorie: Die neue „erste Welt" sind die „friedlichen, wohlhabenden OECD-Gesellschaften", die es sich leisten können, „ihre nationalen Interessen mit dem halbwegs weltbürgerlichen Anspruchsniveau der Vereinten Nationen mehr oder weniger in Einklang zu bringen." Die neue „zweite Welt" sind die Staaten, die „das machtpolitische Erbe des europäischen Nationalismus angetreten" haben: „Libyen, Irak oder Serbien", die neuen Feinde also. Wir erleben den „prekären Übergang von der klassischen Machtpolitik zu einem weltbürgerlichen Zustand", mit Deutschland „an der Seite der alten Demokratien", verkündet Habermas verzückt. Und Goldhagen sekundiert gnädig: „Bei der Besetzung Serbiens muß man vor allem der Versuchung der übermäßig harten Bestrafung widerstehen ... Die Vorstellung einer Kollektivschuld ... muß zurückgewiesen werden." Im Gegensatz dazu ist Habermas nicht allzu glücklich darüber, daß dieser Krieg ein deutscher Krieg ist, in dem es ideologisch, politisch und militärisch um die Revision der Ergebnisse des zweiten Weltkrieges geht. Obwohl er den „Verlautbarungen unserer Regierung ... ein Overkill an fragwürdigen geschichtlichen Parallelen" abmerkt, meint er dennoch: „Glücklicherweise fehlen in der deutschen Öffentlichkeit die dumpfen Töne. Keine Schicksalssehnsucht, kein intellektueller Trommelwirbel für den guten Kameraden", wobei sich fragt, ob der zivilgesellschaftliche Trommelwirbel sympathischer oder die dumpfe Ergebenheit ins Kapitalverhältnis rationaler als ihre völkischen Gegenstücke sind.

Goldhagen revidierte seine eigene Theorie vom besonderen deutschen Antisemitismus, dem eliminatorischen; keine historische Parallele war ihm zu platt; Habermas sah mit dem Sieg des Kapitalismus das Reich der Freiheit hereinbrechen und flüchtete sich in einen typisch deutschen Utopismus. Beide geben der Wirklichkeit recht; die neue historische Mission der „friedlichen, wohlhabenden" Staaten – die weltweite Durchsetzung des bürgerlichen Rechtsprinzips – ist allerdings nur die aktuelle Erscheinungsform der „Schicksalssehnsucht", denn sie ist nichts anderes als der applaudierende Kommentar zum definitiven und globalen Vollzug des Kapitalismus. Mag man Goldhagen auch zugute halten, daß er tatsächlich an Moral glaubt und der Demokratie vertraut, weil sie den Antisemitismus in Zaum hält – wie er am Beispiel Deutschland festgestellt zu haben meint –, unterscheidet ihn doch einiges von denen, die aus Ratlosigkeit dem Krieg zustimmen, und zwar weil er, wie Habermas, die Ausweitung der Kriegsziele propagiert. Und genau darin wird auch er zum Ideologen des deutschen Krieges. Wenn es sich um Völkermord handelt, dann reicht es nicht, den Kosovo zu befrieden, sei es als Protektorat oder als unabhängiger Staat. Bislang sind es vor allem die Deutschen, die besonders kompromißlos auftreten, mit dem Anspruch, Adornos Diktum, daß die Vernichtung der Menschheit einen neuen kategorischen Imperativ aufgezwungen habe, daß sich Auschwitz nicht wiederholen und nichts ähnliches noch einmal geschehen dürfe, in die Tat umzusetzen. Diese Legitimation harmoniert mit Goldhagens Wahrnehmung, die freilich einen ganz anderen Ursprung hat.

Die Realität nationalistischer Konflikte, die Exzesse gegen Minderheiten zwangsläufig provozieren, ist nicht das Überbleibsel der alten, sondern Vorschein der neuen Weltordnung. Die NATO antizipiert diese Entwicklung mit der Außerkraftsetzung des Völkerrechts, das mit dem weltweiten Siegeszug des Kapitalismus obsolet geworden ist. Der Weg vom Kosovo führt nicht umsonst nach Littleton und London: Eine der falschen Voraussetzungen, die die Kriegsapologeten unterstellen, ist, daß sie einen fundamentalen Unterschied zwischen dem „glühenden Haß“ der Subjekte des „ethnischen Nationalismus“ (Goldhagen) und den modernen Subjekten der Zivilisation zu konstruieren. Nicht nur, daß das Völkische (wieder einmal) der Aufklärung voraus ist – schließlich handelt es sich dabei nicht um das Gegenprinzip der Aufklärung, sondern um ihr Produkt –, vielmehr verschwinden die imaginierten Differenzen zwischen diesen Subjektformen in dem Maße, wie sie unterschiedslos zu „Verkehrsknotenpunkten der Tendenzen des Allgemeinen“[28], so Max Horkheimer und Adorno, werden und ihr Leben auf den Existenzkampf reduziert wird. Wobei die einen sich diesem Kampf im völkischen Kollektiv stellen, die anderen als egomanische Einzelkämpfer, leider jedoch gilt in diesem Falle tatsächlich: Gemeinsam sind sie stark. Heraus kommt dasselbe: Ein Subjekt, das nur noch der juristischen Fassade nach eines ist, innerlich reduziert auf das, was Adorno in Anlehnung an Sigmund Freud „Ich-Libido“ genannt hat, also auf unmittelbare Bedürfnisse und eine Wahrnehmung, die den anderen nur noch als Inventar des eigenen Bewußtseins erkennt: „Um in der Realität sich behaupten zu können, muß das Ich diese erkennen und bewußt fungieren. Damit aber das Individuum die ihm aufgezwungenen, vielfach unsinnigen Verzichte zuwege bringt, muß das Ich unbewußte Verbote aufrichten und weithin sich im Unbewußten aufhalten ... Wo dem Ich sein Eigenes, Differenziertes mißlingt, wird es regredieren, zumal auf die ihm nächstverwandte, von Freud so genannte Ich-Libido ... Das ins Unbewußte sich zurücknehmende Ich verschwindet nicht einfach, sondern bewahrt manche der Qualitäten, die es als gesellschaftliches agens erworben hatte. Aber es unterwirft sie dem Primat des Unbewußten.“[29] Eine mehr oder weniger leere Hülle also, die den gesellschaftlichen Zustand als den natürlichen nicht nur anerkennt, sondern ständig bewußtlos reproduziert. Das Massaker der kleinen „Menschenschlächter“ von Littleton, Colorado, beschreibt ebenso wie die faschistische Terrorkampagne gegen Minderheiten in London während des Kosovo-Krieges und die Zunahme rassistischer Übergriffe in Deutschland seit Kriegsbeginn die tatsächliche Voraussetzung eines permanenten Krieges: Der sich vermittels der Menschenrechte durchsetzende Zwang zur Totalverwertung jedes Einzelnen setzt ein Subjekt, das aus seinem Los, auch bei größter Selbstausbeutung das Existenzrecht nicht garantiert zu bekommen, notwendig die Schlußfolgerung ziehen muß, daß nur die (Über-)Erfüllung anderer, außerökonomischer Kriterien sein Leben sichern könnten.[30] In dem zu DDR-Zeiten zur Plattenbaukleinstadt aufgemotzten sächsischen Ort Burgsdorf wohnt der dreizehnjährige Tino Bauer mit seiner Mutter. Tino hat einen dunkelhäutigen Vater und wünscht sich manchmal, gar nicht geboren zu sein, denn auch er hat für sächsische Verhältnisse zu dunkle Haut, oder, wie es Klaus Bednarz, der linksliberale Wachtturm des deutschen Journalismus, formuliert: „das Pech“, ein Schwarzer zu sein. Als Tino im Sommer 1998 von fünf Jugendlichen mit Springerstiefeln zusammengetreten wird, schauen die Anwohner der Plattenbauten vom Balkon aus zu. Tino ist auch weiterhin täglich den rassistischen Sprüchen seiner Mitschüler ausgesetzt; die ihn zusammenschlugen, wohnen in der Nachbarschaft und brüsten sich ihrer Tat, nach der Tino eine Woche im Krankenhaus war. Die Nonchalance, mit der Bednarz den Beitrag über Tino in der ARD-Sendung „Monitor“ vom 21.1.1999 ankündigt und vom „Pech“ spricht, schwarz zu sein, ist eine Spur zu dick aufgetragen – aus dem, was als Zynismus, als Zuspitzung einer pejorativen Aussage über eine solche Wirklichkeit sich vermitteln soll, spricht nur noch kalte Verhältnislosigkeit. Die Identität von deutscher Wirklichkeit, in der es tatsächlich ein tödliches Pech sein kann, auch nur einen dunklen Teint zu haben, und deutscher Ideologie, die sich gar nichts anderes mehr vorstellen kann, als daß Hautfarbe eine (gute oder schlechte) Legitimation für Mord und Totschlag ist, ist das Resultat der Entwicklung seit der

Wiedervereinigung. Bednarz meint es selbstverständlich gut – so gut wie es einer, der nur ein besseres Deutschland will, eben meinen kann – und deswegen bemerkt er nicht, daß Zynismus nur solange zynisch ist, wie es keine Identität von Wirklichkeit und Wahrnehmung gibt, also die vermittelnde und verkehrende Instanz der Ideologie funktioniert. In dem Beitrag werden zwei der Jugendlichen zu ihren Motiven befragt, und selbst Bednarz hätte auffallen können, daß diese ihren Rassismus für eine so biologische Tatsache wie Tino Bauers Hautfarbe halten. Für sie ist es, wie es ist. Illusionslos und abgebrüht schauen die kleinen Medienprofis in die Kamera, wissend, daß ihre Häßlichkeit und ihre Unfähigkeit, in Sätzen zu sprechen, dem Fernsehpublikum schon etwas Mitleid abtrotzen wird. Daß sie Tino verprügelt haben, hat für sie nichts mit Rassismus zu tun, aber befreundet wollen sie mit Tino nicht sein, weil der ein „Nääschör" sei. In der Regression von Ideologie auf Identität kommt das Verschwinden des Subjekts auf seinen Begriff: Diese Jugendlichen wissen, daß sie nicht einmal den Hauch einer Perspektive jenseits des völkischen Kollektivs haben; sie wissen, daß sich ein solche Perspektive nur herstellt in der tätlichen Aneignung von Identität; darüber hinaus ist ihnen auch nicht verborgen geblieben, daß ihr Leben nur mehr Schicksal ist, über das sie keinerlei Verfügung haben werden. Gerade darin aber demonstrieren sie ihre Marktfähigkeit, ihre Realitätstauglichkeit. Ihre Jugendlichkeit kommt darin zum Ausdruck, daß sie keinerlei Merkmale von Jugend – als einer der unmittelbaren Selbstinwertsetzung noch fernen Lebensphase – aufweist. Im rassistischen Terror gegen einen Jüngeren vergewissern sich Vierzehn- und Fünfzehnjährige ihrer Fähigkeit zur völligen Unterwerfung unters Tauschwertideal, indem sie als freie Subjekte handeln, deren Kennzeichen Flexibilität (in der Auswahl des Opfers und der Legitimation der Tat) und Enthemmung (in der Planmäßigkeit und Brutalität der Tat) sind. „Die dem Pseudokonservatismus entsprechende psychische Struktur ist Konventionalität und autoritäre Unterwürfigkeit in der bewußten Sphäre, begleitet von Gewalttätigkeit, anarchistischen Impulsen und chaotischer Destruktivität in der unterbewußten", bemerkt Adorno in den "Studien zum autoritären Charakter"[31]. Und weiter: „Vermittler zwischen diesen antagonistischen Tendenzen sind Züge wie autoritäre Aggressivität oder Rachsucht."[32] Die sich als Vollstrecker begreifenden Subjekte nehmen Rache für ihr Scheitern am Markte. In der vollendeten Niederträchtigkeit ihres Übergriffs beweisen sich die Täter als die perfekten Staatsbürger. Indem sie die objektive Vergeblichkeit, sich der Stofflosigkeit des Tauschwerts anzugleichen, auf ihr Opfer projizieren, das ohne diese von vornherein zum Scheitern verurteilte Anstrengung, den Verwertungsnormen zu entsprechen, ein Lebensrecht für sich beansprucht und scheinbar gewährt bekommt. Scheinbar, weil es Subjekte gibt, die den Rassismus in ihren Mordtaten auf seinen reinen Begriff bringen: als Vernichtungswillen, dessen Grundbedingung die freie Entscheidung ist, schon im Vorhinein zu wollen, was gewünscht wird. Darin gleichen sich der ostdeutsche Nazi und der westdeutsche Fernsehjournalist, daß sie der gesellschaftlichen Wirklichkeit nicht mehr abgewinnen können als ihre Affirmation. In der Figur des Pseudokonservativen kommt nicht nur ein Subjekt zum Vorschein, das alle Attribute des Individuums verloren hat; zugleich ist „das pseudokonservative Syndrom, das sich wahrscheinlich während der letzten vier Jahrhunderte herausgebildet hat, ... nicht etwa deshalb ein so typisch modernes Phänomen, weil irgendein neues psychologisches Element hinzugetreten wäre, sondern die objektiven gesellschaftlichen Bedingungen machen es dieser Charakterstruktur leichter, öffentlich ihre Ansichten zum Ausdruck zu bringen."[33] Was Adorno hier 1950, vor dem Hintergrund seiner auf die Vereinigten Staaten bezogenen Untersuchungen, als „eines der unerfreulichsten Ergebnisse" der „Studies in Prejudice" vorstellt, bezeichnet die Verfassung des Subjekts in der postfaschistischen Gesellschaft. Mit der Durchsetzung des Tauschwerts als universellem Prinzip frißt sich das pseudokonservative Syndrom durch das Subjekt; es spielt solange keine signifikante Rolle, wie das Subjekt noch in der Lage ist, die Norm psychisch zu integrieren. In der spätkapitalistischen Gesellschaft ist die Norm jedoch dermaßen verflüssigt und entkörperlicht, daß die Integration mißlingen muß. Die Leute entdecken eine Vielzahl von Identitäten, und ebenso wie die Zugehörigkeit zum völkischen Kollektiv oder die Zugehörigkeit zu Männerbünden ist die Einzelkämpfermentalität ein Ticket, das einen Ausweg aufzeigt – einen Ausweg, den Robert Kurz' „fundamentale Wahrheit" nur soziologisierend als „Phänomen" beschreiben kann. Insofern er das kritisiert, was Habermas affirmiert, gleichen sie sich aufgrund dieser Leerstelle in einem doch: Deutschland geht dieses Mal keinen „Sonderweg".

Weil aber die von Habermas und von Kurz beschriebenen Zustände gerade keine Argumente gegen einen deutschen Sonderweg darstellen, bleibt ihre Schlußfolgerung in der Luft hängen. Schlimmer noch: Gerade die beschriebenen Zustände machen einen neuen Sonderweg wahrscheinlich, weil die völkische Option scheinbar – eben subjektiv – zugleich eine antikapitalistische ist. Rückständig ist sie ebenfalls nicht, wie Kurz ja auch zugesteht: Es ist die Entwicklung des Kapitalismus selbst, der die völkische Option auf die Tagesordnung setzt. Robert Kurz, Habermas und Goldhagen irren sich allerdings, wenn sie diese Option an die Peripherie verschieben, und das deutsche Projekt der völkischen Parzellierung für „strategische Blaupausen eines vergangenen Zeitalters" (Kurz) erklären – anstatt in der deutschen Normalisierung eben jene Elemente zu beschreiben, die sie zu einer deutschen (und nicht zu einer europäischen oder globalisiert-entnationalisierten) machen. Die weltweite Krise selbst könnte Deutschland den dritten Versuch ermöglichen, auf die Krisensymptome die völkische Antwort zu geben. Nicht umsonst harmoniert die kritische Analyse heutzutage aufs beste mit der völkischen Moral des Sozialdarwinismus – was kein Argument gegen die Analyse ist, sondern die Grenze der Kritik aufzeigt: Wo sie nurmehr die Realität nachzeichnet, verdinglicht sie sich selbst, wenn sie die völkische Reaktion als lediglich abseitig begreifen kann. Das Wissen, daß nach wie vor nur Deutsche zu Auschwitz in der Lage sind, scheint auch in einer Frage auf, die Kulturstaatsminister Michael Naumann während des Krieges vom „Spiegel" gestellt wurde: „Jüngst protestierten Holocaust-Überlebende in einem offenen Brief an Fischer und Scharping ‘gegen eine neue Art der Auschwitz-Lüge’. Könnte es sein, daß mit der historischen Singularität der Shoah die Meßlatte für Völkermord derart hoch gelegt wird, daß nun Menschenschlächter aller Art bequem darunter hindurch spazieren können? Anders gefragt: Gibt es auch die umgekehrte Auschwitz-Keule, die blind macht für Massenverbrechen in der Gegenwart?"[34] Nun war die NATO bei diesen „Massenverbrechen" ja kein Zaungast, der nur darauf gewartet hätte, die Schlächter der Gerechtigkeit zuzuführen, sondern bei jeder Schweinerei war vorneweg die BRD dabei. Das gilt insbesondere für Deutschland und die von ihm seit 1989 betriebene Renaissance des Völkischen – auch wenn in diesem Krieg noch das Völkische in Gestalt Serbiens das Feindbild ist. Die „Verrechtlichung" und Moralisierung von Konflikten schafft erst die Grundlage für Völkermorde und ethnische Säuberungen; denn die neue Dichothomie von Gut und Böse erlaubt keine Kompromisse, sondern nur definitive Schnitte: Endlösungen. So führte selbst die Ablenkung von Auschwitz wieder zu Auschwitz hin und zu den Problemen, die man in Deutschland damit immer noch hat. Man wird erst dann seine Ruhe haben, wenn der deutsche Massenmord in einem wahlweise totalitaristischen oder völkisch-antiimperialistischen Brei derart zur Unkenntlichkeit zermanscht worden ist, daß man sich den Beweisen für Auschwitz mit dem gleichen Mißtrauen nähert, mit dem man Scharpings „Beweisen" begegnete. Letztlich ist es nicht darum gegangen, ob im Kosovo überhaupt irgend etwas passiert ist, sondern darum, daß egal sein soll, ob und was in Auschwitz geschah.

Der Traum von einer Sache

> Das Widerstreben, das Phänomen des Terrors in all seinen Implikationen rückhaltlos zu erforschen, ist in sich selbst ein unterschwelliges Symptom des Terrors.
> Leo Löwenthal: *Individuum und Terror,* 1946[35]

Die Hilflosigkeit des Antifaschismus besteht nicht nur darin, daß er dort, wo das verleugnete Bedürfnis dominant ist, ans rationale Interesse appelliert; vielmehr spiegelt sich im Antifaschismus jener Sprung in der Optik, der ihn zu anderen als Legitimationszwecken unbrauchbar machte, weil er als handlungsleitende politische Ideologie im zwanzigsten Jahrhundert die Vernunft verkörperte; d.h. die Forderung nach rational gestalteten Beziehungen zwischen den Subjekten, seien es Staaten oder Menschen. Eben daran ist er schlußendlich auch gescheitert, daß er die letzte Zuckung des bürgerlichen Glücksversprechens war (und deswegen am Konsequentesten von den Kommunisten verfochten wurde). Und eigentlich ist dieses das größte Lob, das man dem Antifaschismus machen kann: mit ihm war kein Staat zu machen. Wie der Untergang der DDR bewiesen hat. Der Jude Peter Edel wurde nach Auschwitz Kommunist wegen Auschwitz. Nicht nur in seinem, 1972 verfilmten Buch „Die Bilder des Zeugen Schattmann" beschreibt er ein traumatisches Erlebnis: Die letzte Begegnung mit seiner Frau. Dieses Erlebnis ist sein zentrales Thema: „Esther im Häftlingskittel auf der schneebedeckten Treppe des Todesblocks 10 in Auschwitz, diese eine Minute, bevor sie auf den Lastwagen steigen mußte mit ihren Kameradinnen, zur Abfahrt nach Birkenau – in die Kammern."[36] Edel will am elektrisch geladenen Zaun Selbstmord begehen, wird aber daran gehindert. „Später, im Block, auf der Pritsche, hatte ich Esthers

Gesicht gezeichnet, ihre in ein Nirgends gerichteten Augen, dieses Bildnis also. Damit begrub ich sie, darin vergrub ich meinen Schmerz. Für alle Zeit, dachte ich. Es gibt kein Wiedersehen, kein Wiederauferstehen." In diesem irreal erscheinenden Erlebnis – denn die Chance, war man erst einmal getrennt, sich in Auschwitz noch einmal zu sehen, war äußerst gering – bringt er die Realität von Auschwitz auf den Begriff. Edel wird zu einem Vertreter jener „Schützengrabenreligion des Entronnenen"[37], wie Adorno formulierte: in seinem Kommunistsein hebt sich die vollendete Sinnlosigkeit auf, die Edel in Auschwitz erlebte. In der wiederholten Beschreibung jener letzten Begegnung bearbeitet Edel, was Dan Diner den „Zivilisationsbruch" genannt hat: „Die Überlebensabsicht der Opfer wurde zum willfährigen Instrument der Nazis; jede Handlung, und war sie aller menschlichen und gesellschaftlichen Erfahrung nach noch so rational und erfolgversprechend aufs Überleben ausgerichtet, führte notwendig in die Vernichtung. So war der Erfolg des Überlebens fast ausschließlich dem Zufall geschuldet und keiner wie auch immer gearteten Rationalität."[38] Edel weiß darum, es ist die von allen KZ-Häftlingen geteilte Erfahrung, die, sei sie noch so unterschiedlich gewesen, die subjektive Dimension dessen ausmacht, was am Nationalsozialismus singulär war: Der „Kausalzusammenhang zwischen sozialem Verhalten und Überleben" wird zerstört, so Leo Löwenthal, „und konfrontiert das Individuum mit nackter Naturgewalt – d.h. mit einer unnatürlich gewordenen Natur – in Gestalt des allmächtigen Terrorapparates."[39]

Viele der wenigen, die Jüdinnen und Juden halfen, waren in der Kommunistischen Partei. Als Zwangsarbeiter bei Siemens lernt Edel den „Genossen Gall" kennen. Damals geprägt vom „Hass auf alles und jeden", erfahren Edel und seine Frau Esther hier Solidarität. Sie erhalten von Gall Fabrikausweise ohne die Namenszusätze „Israel" und „Sarah", die sie als jüdisch kennzeichnen, was ihnen größere Bewegungsfreiheit gibt. In seiner Autobiographie läßt Edel den Genossen Gall, der später von den Nazis ermordet werden wird, in einem fiktiven Gespräch über die Situation der Juden folgendes sagen: „Fast noch schlimmer war es oft, wenn eingeschüchterte Menschen, sogar manche Genossen, die man von früher genau zu kennen glaubte, so ein bißchen Hilfestellung – Verstecke ausfindig machen, paar Lebensmittelkarten besorgen, vor Denunzianten warnen und so weiter – als etwas Außergewöhnliches ansahen. Mag sein, daß sie's ja wegen ihres gelben Flecks so ansehen mußten, überdankbar, wenn man ihnen heimlich was in die Hand drückte, vielleicht noch zuflüsterte: Behalt den Kopp oben, siehst ja, wir sind auch noch da! Mit ansehen müssen, wie die sich dann kaum die Tränen verbeißen konnten – nee, das war mit das Schlimmste." Solche Stellen finden sich bei Edel oft, häufiger als bei jedem anderen DDR-Autor. Die Massenbasis der Nazis leugnet er nicht – in Galls Augen das Eintauschen des „Klassenstandpunkts" gegen den „Rassenschandpunkt" –, auch nicht, daß er bis zur Begegnung mit dem Genossen Gall ein Deutschenhasser war. Erst der Blick von außen, der Blick des deutschen Kommunisten, vermittelt einen Begriff der vollkommenen Entwürdigung. Diese Doppeldeutigkeit, die vor allem Edels eigene Ambivalenz zu beschreiben scheint, treibt er in Sätzen auf die Spitze, in denen er das offizielle Bild des paternalistischen Kommunisten, der den Juden hilfreich zur Seite steht, präsentiert – um es sofort zu demontieren. Edel läßt Gall anschließen: „Dabei konnten wir auf sie beileibe nicht unser Hauptaugenmerk richten. Bei aller Solidarität – es gab noch mehr Gekennzeichnete, und es kam vor allem darauf an, den Widerstand in den Betrieben zu organisieren, unter den *Fremdarbeitern* Bundesgenossen zu finden." Das ist die Linie der Partei, der (zu spät) klar geworden war, daß der Nationalsozialismus von innen nicht zu besiegen sein wird, weil er von der Mehrheit der Bevölkerung getragen wurde. Statt dessen konzentriert man sich auf den „Widerstand in den Betrieben", auf Sabotage. Die einzig vorhandene Massenbasis dieses Widerstands sind die Zwangsarbeiterinnen und Zwangsarbeiter, die aus den von Deutschland besetzten Gebieten deportiert, aber – wie in diesem Falle – auch deutsche Jüdinnen und Juden, die zwangsverpflichtet worden waren. Es waren, nach den ersten Deportationen, fast nur noch junge Menschen, die miterlebt hatten, wie ihre Eltern abgeholt worden waren. Sie alle waren *Gekennzeichnete* – sie mußten auf allen sichtbaren Keidungsstücken entweder den gelben Stern, die Buchstaben P für polnisch oder OST für Ostarbeiter tragen. Junge Leute ohne politische oder klandestine Erfahrungen, eben wie Edel und seine Frau Esther, die in der Gestalt des Kommunisten der Vernunft inmitten der Vernichtung begegnen. Ob es dieses Ergänzungsverhältnis zwischen der politischen Erfahrung des Kommunisten, dem die Klassenbasis abhanden gekommen war, und dem Haß der Zwangsarbeiter in der Form, wie Edel es beschreibt, gegeben hat, sei dahingestellt. Die Tatsache jedoch, daß der Widerstand während des Krieges in Deutschland vor allem von den aus allen okkupierten Ländern zur Sklavenarbeit Verschleppten geleistet wurde, ist, obwohl dem bisher wissenschaftlich kaum Rechnung getragen wurde, unbestreitbar, ebenso wie die Rolle der Kommunisten in den Konzentrations- und Zwangsarbeitslagern bei der Organisierung dieses Widerstands. Wie nicht wenige Überlebende verbindet Edel diese subjektive Erfahrung mit einer grundlegend antikapitalistischen Haltung und einer Begeisterung für die Sowjetunion unter Stalin, deren historische Mission sich in der Zerschlagung Hitlerdeutschlands bewiesen habe. Der Gedanke, daß es, um die Deutschen zu besiegen, das Äußerste an militärischer Härte und Durchsetzungsfähigkeit bedurfte, drängte sich schon vor Stalingrad auf; und danach erst recht. Auch heute ist ihm ein gewisser Realitätssinn nicht abzusprechen, ebensowenig verwundert es, daß daraus nicht nur bei Edel ein autoritäres Staatsverständnis resultierte. Die DDR war für Edel nicht trotz, sondern wegen der autoritären Strukturen, in denen er sich halbwegs sicher fühlen konnte, die richtige Konsequenz gewesen; er sieht in ihnen den Bruch mit den volksgemeinschaftlichen Strukturen, die ihm nur zufällig nicht das Leben gekostet haben. Kommunisten können per defitionem keine Antisemiten sein, weil sie die rassistischen Ideologien als Waffe der herrschenden Klasse zur Spaltung der ausgebeuteten und unterdrückten entlarven – das glaubt auch Edel. Gern benutzte man in diesem Zusammenhang Zitate von Lenin oder Stalin, die den Antisemitismus ebenso wie den Zionismus geißeln. Antisemitismus wurde als eine Form des Rassismus begriffen und dem Kapitalismus zugeschrieben, deswegen war Antisemitismus im real existierenden Sozialismus ein Überbleibsel des alten Systems. Noch heute wird von Teilen der Linken ein linker Antisemitismus, der seinen Ursprung im Arbeiterbewegungsmarxismus selbst hat, negiert – allenfalls, so wird entgegnet, gebe es auch unter Linken Antisemiten, was aber nur die Macht der herrschenden Ideologien unterstreiche. August Bebels Spruch vom Antisemitismus als dem „Antikapitalismus der dummen Kerls“ bezog den Antisemitismus auf die jüdische Bourgeoisie und setzt ihn mit fehlgeleitetem Klassenhaß gleich. Daß der Antisemitismus sich durchaus auch gegen das jüdische Proletariat richtete, blieb bei dieser Betrachtung ebenso im Dunkeln wie die Tatsache, daß der Antisemitismus historisch immer eine konterrevolutionäre Rolle spielte, weil er weitgehend aufklärungsresistent ist. Die Lösung des Problems hieß Assimilation. Wenn es keine Juden mehr gibt, hört auch der Antisemitismus zu existieren auf, so die Logik Lenins 1903: „Die jüdische Frage steht so und nicht anders: Assimilation oder Absonderung?“[40] Das richtete sich gegen den Bund, die jüdische Arbeiterpartei, die wenige Jahre zuvor noch gut genug war, die Sozialdemokratische Partei im zaristischen Rußland mitzugründen. Auch in Lenins Augen waren die Juden kein Volk und keine Nation; Jiddisch, die Sprache der Juden im zaristischen Rußland, war für ihn ein Relikt des Mittelalters. Hintergrund dieser scharfen Angriffe waren die Bemühungen Lenins um eine geschlossene revolutionäre Partei, die die – bis dahin selbstverständliche – Eigenständigkeit der jüdischen Arbeiterbewegung zu einem politischen Hauptwiderspruch machte. Arno Lustiger untersucht dieses Programm in seinem „Rotbuch“: Nicht nur der tradierte Antisemitismus, der untrennbar mit dem großrussischen Chauvinismus verbunden ist, sondern auch die Geschichte der russischen Linken haben zu einer eigenen Form des Antisemitismus geführt: „Die russischen Marxisten haben nie verwunden, daß sie gewissermaßen in der Schuld jüdischer Revolutionäre standen: Juden gehörten einerseits zur Avantgarde der Bewegung, andererseits sollte das ‘jüdische Element’ der Revolution in immer neuen Anläufen ausgestoßen werden.“[41] Das „jüdische Element“ war der Internationalismus. „Die jüdische Nation hört auf zu existieren – für wen sollte man also die nationale Autonomie fordern? Die Juden werden assimiliert“, formulierte Stalin ganz leninistisch in seiner Schrift „Marxismus und nationale Frage“ von 1913, in der sich auch die Definition der Nation als „Gemeinschaft“ findet, die bis heute bemüht wird, um nachzuweisen, daß es sich bei den Juden nicht um ein Volk oder eine Nation handelt.[42] Lenin und Stalin hatten jedoch ein Problem: Sofern es im zaristischen Rußland ein Proletariat gab, war dies zu einem großen Teil jüdisch; die Juden waren weit besser organisiert als ihre russischen „Klassenbrüder“. Auf diese Massen konnten und wollten die Bolschewiki nicht verzichten. Es hat keinen Bruch zwischen dem „Philosemiten“ Lenin und dem „Antisemiten“ Stalin gegeben: Nach 1917 ging es ihnen, so Arno Lustiger, „in erster Linie um die Verteidigung der Macht und nicht um die (Überlebens-)Interessen der Juden“[43]. Während des Bürgerkrieges 1917 bis 1921 – in der romantisierten Phase des „Kriegskommunismus“ – veranstalteten nicht nur die weißen Konterrevolutionäre Pogrome, sondern auch die glorreiche Rote Reiterarmee Budjonnys. Gegen die einen protestierten die Kommunisten, die anderen beschwiegen sie kollektiv. Dem jüdischen Schriftsteller Isaak Babel wurde es 1940 zum Verhängnis, daß er in seinem Werk „Reiterarmee“ die Pogrome der Roten nicht verschwiegen hatte. Im Bürgerkrieg kämpften viele Juden in der Roten Armee; ein Sieg der Weißen hätte ihren Untergang bedeutet. Unter den Bolschewiki gab es Diskussionen, ob man nun alle Opfer der weißen Pogrome schützen solle oder ob man auch diese Frage klassenmäßig einschätzen müsse, was geheißen hätte, die reichen Juden nicht zu schützen. Vor diesem Hintergrund gab es scharfe Interventionen von Lenin und Maxim Gorki, der in einem Flugblatt von 1919 die Juden als „die Hefe des Fortschritts“ bezeichnete. Die zwiespältige Haltung der Bolschewiki, die am ehesten noch mit dem psychologischen Begriff Double bind zu fassen ist – etwas wird zugleich geliebt und abgelehnt –, drückte sich praktisch darin aus, daß auf der einen Seite sogar die Selbstverteidigung gegen die Pogrome als „jüdischer Nationalismus“ denunziert wurde, es zum anderen aber eine Blüte jiddischer Kultur gab. Insgesamt war die Politik der Sowjetunion gegenüber den Juden widersprüchlich: Kampagnen gegen den Zionismus, der schon in den zwanziger Jahren als „Faschismus“ bezeichnet wurde, wechselten sich ab mit Kampagnen, Juden in der Landwirtschaft zu beschäftigen. Dazu gehört auch die Gründung des autonomen Gebietes Birobidshan in Sibirien, das eine Alternative zu Palästina darstellen sollte. Nach Stalins Definition waren sie nämlich deshalb keine Nation, weil es keine Bauernschicht gab. Obwohl gerade die Juden keine Nation sein sollten, wurden sie offiziell als eine Nationalität geführt: Jeder Jude, ob er wollte oder nicht, hatte ab 1932 als Nationalität Jewrej – Jüdisch – im Paß stehen. Denjenigen, die sich assimilieren wollten, wurde dies durch dem Stempel unmöglich gemacht; aber wer am Judentum festhielt, wurde beschuldigt, „Nationalist“ zu sein.

Obwohl die Säuberungen, die 1936 einsetzten, keinen explizit antisemitischen Charakter hatten, waren viele Opfer Juden – die Listen der Angeklagten lesen sich, so Lustiger, wie

„ein weißgardistisches Flugblatt gegen den 'jüdischen Bolschewismus'."[44] Die Säuberungen gingen mit einer nationalen Wende einher, in der die Juden zu bevorzugten Objekten wurden, stand doch gerade die alte jüdische Garde der Bolschewiki für den Internationalismus. Statt als Beginn der proletarischen Weltrevolution wurde die Oktoberrevolution nun als Krönung der russischen Geschichte gefeiert. War die Sowjetunion noch 1935 „der Frühling der Menschheit", wie die Prawda schrieb, wurde nur zwei Jahre später das russische Volk als „erstes unter gleichen" bezeichnet. Diese Tendenz, die auch während des „Großen Vaterländischen Krieges" anhielt, ist für Lustiger ursächlich für die „antijüdische Zuspitzung der späten Stalindiktatur". In der Geschichte des Jüdischen Antifaschistischen Komitees (JAFK) fokussieren sich die Widersprüche der sowjetischen Politik gegenüber den Juden. Das Komitee gründete sich zwei Monate nach dem deutschen Überfall auf die Sowjetunion, im August 1941 und existierte bis 1948. Ihm gehörten viele Prominente an, unter ihnen der Autor Ilja Ehrenburg und der Schauspieler Solomon Michoels, der 1948 auf Befehl Stalins ermordet wurde. Zwölf führende Mitglieder des Komitees wurden nach einem geheimen Prozeß 1952 hingerichtet, ihnen wurden „jüdischer Nationalismus" und „Verschwörung" vorgeworfen. Obwohl und weil das JAFK international Geld für die Rote Armee sammelt und zum gemeinsamen Kampf gegen den deutschen Faschismus aufruft, wird es wenige Jahre nach der Befreiung zum Objekt der antizionistischen Propaganda. Das vom Komitee zusammengestellte Schwarzbuch über den Völkermord an den sowjetischen Juden, das 1994 von Lustiger erstmals in deutscher Sprache herausgegeben wurde,[45] konnte in der Sowjetunion nicht erscheinen; schon der Hinweis auf den Massenmord an den Juden wurde als nationale Überheblichkeit gedeutet. „Im Zarismus wie im Stalinismus richtete sich gegen die Juden ein besonderer Illoyalitätsverdacht: Aus den 'Weisen von Zion' und dem geheimen *Kahal* wurde eine zionistische Weltverschwörung und die Organisation *Joint*", die in den USA zur Unterstützung der Juden in Osteuropa gegründet worden war. Dieser „besondere Verdacht" machte aus jüdischen Generälen der Roten Armee von einem Tag auf den nächsten „zionistische Agenten"; er legitimierte die Morde an vielen jüdischen Intellektuellen und nicht zuletzt die beinahe völlige Zerstörung der jiddischen Kultur – obwohl es, auch das macht Lustiger deutlich, kaum Anhaltspunkte für eine tatsächliche Dissidenz der Juden gab. Offensichtlich war es ausgerechnet ihre Assimilation, die sie verdächtig werden ließ.

Dies wissend, tritt Edel 1949 in die SED ein, zuvor hielt er das nicht für nötig. Nach der Befreiung aus dem KZ Ebensee bleibt er zunächst in Österreich und geht 1948 zurück nach Berlin. In Westberlin sieht Edel einen Dokumentarfilm über das Nürnberger Kriegsverbrechertribunal. Edel selbst hat in einem der Folgeprozesse, die von den Amerikanern geführt wurden, als Zeuge ausgesagt. Über den Film schreibt er: „Der (sowjetische Chefankläger, tk) Rudenko fragt den 'Zeugen' Keitel, ob es wahr sei, daß er Sätze geäußert und unterschrieben habe, die besagten, daß *'Menschenleben im Osten absolut wertlos'* seien. Erst nach wiederholter Aufforderung, diese Frage zu beantworten, bequemt sich Keitel zu einem wie aus der Pistole geschossenen 'Ja!' ... Auf dieses 'Ja' des Mörders Keitel, 'ja, Menschenleben im Osten sind absolut wertlos', brüllt man in den hinteren Reihen des Sportpalastkinos: 'Bravo! – Bravo!' Brüllt es so laut, so voll sadistischer Freude, wenigstens im schützenden Dunkel sein Mütchen kühlen zu können, daß selbst der zwei Reihen vor mir sitzende amerikanische Offizier seiner Entrüstung Luft macht, daß ein junges jüdisches Mädchen, dessen nackter Unterarm mit der Birkenauer Häftlingsnummer gezeichnet ist, mit vor Entsetzen heiserer Stimme 'Mörder. Mörder!' durch den Saal ruft, was das halbe Parkett mit teils amüsiertem, teils höhnischem Gelächter beantwortet." Edel verortet sich. „Doch je heftiger andere Wohlmeinende ihn loben – 'Sie mit ihrer künstlerischen

Begabung, könnten doch bei uns ...' –, je häufiger sie im gleichen Atemzug diesen Mischmasch von 'freiheitlich-totalitär-antideutsch-prorussisch' von sich geben, desto mehr fühlt er sich bestärkt, sich nicht abbringen zu lassen von der Geisteshaltung der Menschen, die ihm einmal als einzige die Hand gereicht hatten." Wie die DDR auch immer gewesen sein mag, für den Überlebenden Edel, der zunächst als Feuilletonist und Kritiker arbeitet, ist sie allemal besser als der deutsche Westen. Besagte Filmveranstaltung ist eine der ersten Veranstaltungen der „Kampfgruppe gegen Unmenschlichkeit", einer antikommunistischen terroristischen Vereinigung, und in der Westberliner Öffentlichkeit wird nicht über die Sympathiekundgebungen für die Nazimörder debattiert, sondern darüber: „Während der Diskussion versuchten SEDistische Provokateure unter Führung des Weltbühnen-Literaten Peter Edel durch vorher festgelegte Zwischenrufe wie 'Gebt uns Gewehre und schickt uns alte Frontsoldaten in die Ostzone', Verwirrung und Unruhe hervorzurufen." Edel tritt nach diesem Sommer in die Partei ein, und ab und an scheint auch in seinen die DDR preisenden Worten die andere Wahrheit über die DDR durch: sie ist einfach nicht der Westen, sie ist einfach nicht das Land, in dem während des Majdanek-Prozesses „frei umherlaufende SS-Aufseherinnen ihre Opfer ankeifen: 'Und da lebt ihr noch?'" Edel sagt deshalb auch nicht nein, als er 1965, in Peter Weiss' Theaterstück „Die Ermittlung", auf Wunsch der Regisseure Wekwerth und Bellag den angeklagten Zeugen Nummer Eins lesen mußte. Unter den vielen Prominenten, die an dieser berühmt gewordenen Szenischen Lesung teilnahmen, war Edel „der einzige, der auf dieser Bühne die eingeätzte Auschwitzer Häftlingsnummer trug." Edel vermutete eine Absicht dahinter, daß ausgerechnet er einen Mörder lesen sollte, konnte sich aber nicht erklären, welche. „Um der Sache Willen weigerte ich mich nicht, aber wohl war mir nicht dabei." Für Edel ist der Krieg nicht vorbei, Auschwitz nicht abgegolten, weil die Bedingungen – für ihn: ausschließlich –

im Westen fortbestehen, die Auschwitz ermöglichten. Für ihn steht fest: Es ist wieder möglich. Und die einzige Möglichkeit, unter den gegebenen Bedingungen alles zu tun, damit es nicht wieder geschähe, bestand darin, die Wunden offenzulassen. Politisch gesehen war die DDR jene offene Wunde, die Erinnerung, die im Westen nichts galt. In der DDR war Edel einer, der nicht allzusehr hofiert wurde, eben weil er die BRD mehr haßte, als er die DDR liebte. Über seine 26 Jahre Leben in der DDR notiert er 1975: „In ihnen konnte ich anfangen, wirklich zu leben." Für Edel kann es aus Auschwitz nur universelle Konsequenzen geben; er tut das heute so Verpönte und stellt Verbindungen her, von denen niemand mehr hören mag: „Darum heißt für mich über Auschwitz schreiben auch vom KZ-Stadion in Santiago de Chile schreiben, darum kann mich die stillste und friedlichste Nacht nicht die anderen vergessen lassen, nicht die alten, nicht die neuen Kristallnächte, nicht die damaligen noch die heutigen Scheiterhaufen, aufgeschichtet zur abermaligen Vernichtung." Edel paßt nicht in die Berliner Republik, weil seine Konsequenzen aus Auschwitz den Gegenpol zu Habermas' „Weltbürgergesellschaft" darstellen: Mit Auschwitz ist nicht nur etwas zu Ende gegangen, etwas Neues hat begonnen. Es ist immer noch Krieg, die Rede von den „einstigen Gegnern" kann Edel nur lächerlich finden. Gerade aus dieser Haltung heraus wird er zum radikalen Antizionisten, aus Enttäuschung darüber, daß der Staat Israel auf der falschen Seite stehe. Er ist weder vereinnahmbar für einen Antifaschismus, der nur noch humanistische Botschaft sein will und sich in „Mahnung und Erinnerung" gefällt, noch ist er deutschnational genug, als daß man ihm, wie Victor Klemperer, großzügig zugestanden hätte, der „totalitären Faszination" („Spiegel") Stalins erlegen sein zu dürfen. Im Gegenteil: Edel distanziert sich nicht einmal im Nachhinein von Stalin, „weil er an die Tausende kriegsgefangenen, im Lager Sachsenhausen eingesperrten, mit Maschinengewehren niedergemähten oder zum Galgen geführten sowjetischen Soldaten denken muß, deren letztes Wort, das sie über den Appellplatz riefen, oft nur das eine war: Stalin! und weil er an die vom Tod gezeichneten, in Lumpen gehüllten Frauen und Mädchen im Lager Birkenau denken muß, wie ihnen einmal ein Fetzen bedruckten Papiers zugesteckt wurde, auf dem stand: 'Haltet aus. Die Rote Armee ist nah. Stalin.' Wie sich die Gesichter, die eingefallenen Wangen, die matten Augen belebten, wie sie sich umarmten, als Schwestern zu tanzen anfingen, während vor den Barackenfenstern der Rauch aus den Kaminen gebirgig aufquoll." Während der Dreharbeiten zum Film „Die Bilder des Zeugen Schattmann" sagt ein junger Mann zu Edel, als der sich nützlich machen will: „Lassen Sie man, das kriegen wir besser alleine hin." Edel kommentiert: „Überflüssig komme ich mir vor. Überflüssig wie einer, der argwöhnt, er habe sich aufgedrängt mit seinen alten Geschichten." Edel zitiert ein Gedicht von Tadeusz Różewicz, dessen „unverständlich-verständliche Aufforderung" ihm nach diesem Erlebnis „nicht mehr gar so rigoros und schmerzhaft verneinend" vorkommt:

vergeßt uns
und unsere generation
lebt wie menschen
vergeßt uns

wir beneideten
pflanzen und steine
beneideten hunde ...

vergeßt uns
fragt nicht nach unserer jugend
laßt uns

Edel rezitiert das Gedicht nicht laut, er macht weiter. „Fragen Sie ruhig nach allem was Sie wissen möchten. Denk mir dabei: Wenn in unserer Welt alle wie Menschen leben können – dann, erst dann vergeßt uns! Laßt uns? So sprechen die Toten hier."

So war sie eben, die Moderne

> Wenn Sie mir von ihren Grübeleien erzählen, kann ich Sie von dem Wahn befreien, daß man ein Deutscher sein muß. Sollte man dies gottverlassene Volk nicht sich selbst überlassen?
> Sigmund Freud an Arnold Zweig, August 1932[46]

In der innerlichkeitskultischen Zeit vor dem Crash des Staatskapitalismus gab es eine gern gestellte Frage: „Wie hättest du im Faschismus gehandelt?“ Widerstand oder Anpassung war die Alternative dieser Fragestellung, die von vielen als unberechtigt, ja schamlos kritisiert wurde: Eine Situation, die nicht aus eigener Erfahrung bekannt sei, entziehe sich jeder Bewertung; und schließlich sei der Nationalsozialismus ein Ausnahmezustand gewesen, in der andere Maßstäbe gegolten hätten. Nach der Wiedervereinigung und dem Pogromjahr 1992 wurde die Frage nach dem eigenen Handeln erneut aufgegriffen – als Frage nach der eigenen Verantwortung und der Handlungsmöglichkeiten des Einzelnen; Zivilcourage war gefragt. „Schaut nicht weg – greift ein!“ hieß denn auch eine der Parolen, die suggerieren sollten, daß, wenn nur alle mutiger eingriffen und die Bedrohten beschützten, der vom Mob demonstrierte Vernichtungswillen sich eines besseren besinnen würde. Da die Frage auch von Linken als vor allem individuelle gestellt wurde, erfuhr auch die Bewertung des Widerstands gegen den Nazifaschismus Anfang der neunziger Jahre eine Veränderung. Nicht etwa ein wachsendes Interesse an der Geschichte des nazistischen Deutschland war die Ursache für die Diskussion um Widerstand und Widerstandsmöglichkeiten, sondern die eskalierende Gegenwart, die als Wiederholung unseliger Vergangenheit interpretiert wurde. So erfuhr auch der historische Widerstand gegen den Nazifaschismus eine völlige Neubewertung. Während der organisierte Widerstand zunehmend als „stalinistisch“ und somit als genauso furchtbar wie der Nazismus selbst eingeordnet wurde, wurden individuelle Formen von Delinquenz und Verweigerung zu Widerstand umgedeutet. In der Gestalt des Oskar Schindler wurde eine Identifikationsfigur angeboten, die in einem Kollaboration und Verweigerung verkörperte. Emil Carlebach hingegen, Jude und Kommunist, Widerstandskämpfer und Buchenwaldhäftling, eignet sich nicht zur Identifikation; ist er doch nach neuestem deutschen Geschichtsverständnis Opfer und Täter in einer Person gewesen. Diese zwei Linien eines revisionistischen Geschichtsverständnisses – Widerstand bedeute vor allem individuelle Verweigerung und Nicht-Anpassung, Opfer und Täter seien auf tiefste miteinander verbunden, stellten eine „Schicksalsgemeinschaft“ dar, in der jeder einen (Rechts-)Anspruch auf individuelle Bewertung habe – haben mehr mit der Gegenwart zu tun als mit der Vergangenheit; logisch ist es demnach, alle und alles nach individuellen Maßstäben zu beurteilen. Daß dabei nichts anderes herauskommt als eine Totalitarismustheorie, die um die These erweitert wurde, der Sozialismus sei schlimmer als der Nazifaschismus gewesen. Schlimmer als der reale Massenmord sei ein „Auschwitz in den Seelen“ (Jürgen Fuchs) gewesen. Das Individuum und die Diktatur, einige Beispiele: Eine 1967 in der DDR verurteilte und 1991 begnadigte, ehemalige Aufseherin des Frauen-KZ Ravensbrück darf behaupten, sie sei ganz unschuldig; sie hätte dort lediglich „gearbeitet“ und von nichts gewußt. Als „Opfer des Stalinismus“ bekommt sie schließlich über 60 000 DM. Außerdem wird eine Jüdin, die in Berlin andere Jüdinnen und Juden der Gestapo ausgeliefert hat, also nicht nur kollaborierte, sondern aktiv mitmachte, einfühlsam als „Opfer beider Seiten“ dargestellt. Sie will keine materielle Entschädigung, aber eine Anerkennung der ihr zugefügten Leiden (sie behauptet, sie wäre während des Verhörs durch einen Antifaschisten mit dem Tode bedroht worden). Eines dieser Opfer war auch Ernst Jünger, der deswegen nicht Major wurde, weil er seinen Soldaten beim Einmarsch in Polen erlaubte, ein Lied zu singen, das der politischen Führung nicht genehm war. Die „roten Kapos“ von Buchenwald und Ravensbrück, kommunistische Funktionshäftlinge also, werden hingegen als Schnittstellen der SS denunziert und beschuldigt, politisch mißliebige Häftlinge der SS ausgeliefert zu haben: Opfer werden zu Tätern stilisiert. Täter können also durchaus unschuldig sein, Opfer hingegen schuldig, zumal wenn sie sich eben nicht als „Opfer“ begreifen, sondern als Kommunistinnen und Kommunisten, die organisiert gegen den deutschen Faschismus kämpften. Der Kern der Umgestaltung der Gedenkstätten liegt in dieser ideologischen Umwertung; scheinbar aus der Möglichkeit einer objektivierenden – von Moral und politischer Bewertung befreiten – Sichtweise auf die nationalsozialistische „Phase“der deutschen Geschichte. Noch bevor die letzten Überlebenden gestorben sind, wird hier, „rein wissenschaftlich“, versucht, die Spitze von Terror und Repression, das Konzentrationslager, zum Ort der individuellen Entscheidung gemacht, an dem es nicht ums Überleben, sondern um Moral gegangen sei. Und damit ist das KZ nicht so schlimm gewesen, nicht so schlimm jedenfalls wie das „Gefängnis DDR“. Schon wird nicht mehr wahrgenommen, daß die KZ-Aufseher Freiwillige waren und die Inhaftierten äußerstem Zwang unterworfen waren. Diese Sorte Geschichtsschreibung, die auf der einen Seite Handlungsalternativen dort sucht, wo es keine geben kann und auf der anderen dort „Schicksal“ anführt, wo Entscheidung tatsächlich möglich gewesen wäre, impliziert mehr als nur den Freispruch von geschichtlicher Verantwortung. Sie bedeutet die Abrechnung mit dem Widerstand gegen den Nazifaschismus; und zwar aus dem Interesse heraus, Widerstand in bitteren Zeiten für unmöglich zu erklären. Jedem Gedanken an den Kommunismus, der einzig die Wiederholung des Gewesenen unmöglich machen kann, wird mit dem Hinweis auf die moralische Verkommenheit der Opfer gekontert. Wenn soziale Revolution damit verbunden sein könnte, sich die Finger schmutzig zu machen, weil es um die Machtfrage geht, so die Ideologie der Geschichtswissenschaft, ist das gleichbedeutend mit dem totalitären Machtanspruch des Nationalsozialismus selbst. So ist die Konsequenz daraus auch, als Widerstand eben vor allem den nichtorganisierten, individuellen und vereinzelten Akt zu betrachten, nicht hingegen die kollektive Aktion, die ein politisches Ziel und Organisierung voraussetzt: Oskar Schindler versus Widerstandsgruppe Herbert Baum oder „Rote Kapelle". Der nichtgezeigte Hitlergruß versus das Attentat auf Heydrich. Das Einkaufen im jüdischen Schuhladen versus Waffentransporte für Partisanengruppen. Selbst als der NS-Staat Anfang 1945 fast zerstört war, funktionierte die Volksgemeinschaft, die Heimatfront und der Volkssturm. Geflohene KZ-Häftlinge wurden noch Anfang Mai von ganz normalen Deutschen gefangengenommen und so erneut eingesperrt. Bei dem hohen Grad an gesellschaftlicher Zustimmung, den die Nazis hatten, so die Logik, sei gerade das individuelle widerständige Verhalten ein besonderer Ausdruck von Mut und persönlicher Integrität. Das kann nicht bestritten werden. Hinterfragt werden muß diese Logik jedoch dann, wenn die Einsicht des Nazis Schindler eher wahrgenommen wird als der Widerstand der jüdischen Partisanen in Osteuropa; und es muß gefragt werden, wem das nutzt. Die Antwort ist keine historische: Nicht umsonst wird die Frage der Rehabilitation von jungen Nazis, die Asylbewerber ermorden, häufiger diskutiert als die, welche Folgen die Pogrome für die Opfer haben; und nicht umsonst werden militante antifaschistische Aktionen als für die Gesellschaft gefährlicher eingeschätzt als die Pogrome selbst. Weil diese Fragen nach dem Widerstand gegen den Nationalsozialismus in der Gegenwart gestellt werden, implizieren sie Antworten, die auch heute gelten sollen. Gradmesser für die Nichtakzeptanz des Rassismus ist demnach die Anzahl der Konsumenten von Döner-Kebab oder die Anzahl derjenigen, die sich der Teilnahme an einem Pogrom verweigern. Mit dieser Individualisierung werden vor allem die gesellschaftlichen und politischen Ursachen des deutschen Faschismus verschleiert – heutzutage mit der Funktion, die Elemente der nationalsozialistischen Aufhebung der bürgerlichen Gesellschaft auf ihrer eigenen Grundlage zu negieren, die nach dem Krieg kontinuierlich fortgeschrieben wurden.

Heutzutage, in der Zivilgesellschaft, ist die Rede vom „Zivilisationsbruch“ mit ihrem positiven Verweis auf die „westlich-zweckrationale Zivilisation“ (Dan Diner) nicht mehr Aufforderung zur Revolution, sondern Angebot zur Integration. Auschwitz dient als Negativfolie für den Abschied vom Kommunismus, der nurmehr ein komplementäres Phänomen der Moderne ist. Der zivilgesellschaftliche Antikommunismus ist, anders als die Totalitarismusideologie, subjektivistisch, er geht nicht von Ideologie, sondern von Identität aus, nicht von Meinung, sondern von Prägung. Was der Totalitarismusbegriff mit seiner Gleichsetzung von Kommunismus und Faschismus bezweckte, das war der abstrakte, strukturalistische Vergleich, in dem die Kommunisten und vor allem natürlich die Nazis nach 1945 immer noch Objekte einer Bekehrung bzw. Re-education waren. Der moderne Antikommunismus jedoch setzt auf das Subjekt, das entweder Täter oder Opfer oder beides ist. Im modernen Antikommunismus wird der Kampf gegen den deutschen Faschismus zum „Clash of Civilizations“, der westlichen und der östlichen, und die Sowjetunion und Deutschland stehen auf derselben Seite. Die Subjektivierung kennt nur noch die Moral, und so kann sich eben ein SS-Aufseher anständig verhalten haben, ein inhaftierter Kommunist hingegen ganz und gar nicht. Von Intentionen und Zwängen befreit, verliert sich der Schrecken des Konzentrationslagers, die vollkommene Zufälligkeit des Überlebens. In diesem Sinne wird Peter Edel auch als jüdischem Verfolgten von den heutigen „Wohlmeinenden“ Narrenfreiheit zugestanden: So war sie eben, die Moderne. Folgt man dieser ideologischen Konstruktion, ist mit 1989 eine Epoche zu Ende gegangen, in deren Mittelpunkt die Konfrontation des Kalten Krieges stand. Zu dieser Epoche gehört in Deutschland die Teilung und auch Auschwitz. Die Teilung wurde als Strafe für die deutschen Verbrechen empfunden, die mit dem Wort Auschwitz auf den Begriff gebracht wurden. Nun, da die vermeintliche Strafe abgegolten ist, wird allerlei Mühe darauf verschwendet zu beweisen, daß wir nun in der Epoche nach der Epoche von Auschwitz leben: in der Postmoderne. Zu ihren Merkmalen gehört die Vervielfältigung der Codes, mit denen theoretische Wahrheit über Auschwitz formuliert werden soll. Doch vor allem wird der Vernichtung der europäischen Juden der unmittelbare Gegenwartsbezug amputiert, indem eine Epochengrenze gezogen wird. Von der Gegenwart abgespalten, werden Lebensläufe wie der von Edel historisiert und damit einer Be- oder Verurteilung zugänglich gemacht. Ihre Zerbrochenheit wird zum Beweis für die Vergeblichkeit *aller* Bemühungen, aus Auschwitz politische und gesellschaftliche Konsequenzen zu ziehen. Ihre Hilflosigkeit ist so nicht länger den deutschen Zuständen zuzuschreiben, sondern ihr eigenes Verfehlen. Derart individualisiert, braucht es keine Appelle mehr, keinen neuen kategorischen Imperativ; der Notwendigkeit enthoben, im Nachdenken darüber, wie Auschwitz möglich geworden ist, auch die eigene Verweigerung zu formulieren, ist es heute möglich, mit Auschwitz Karriere zu machen: das ist Zivilgesellschaft. Die Linke hat ihre „Anschlußfähigkeit" (Habermas) bewiesen: „Faschismus", „Apartheid", „Nationalismus" sind die Begriffe, mit denen man einst Israel belegte und mit denen man nun Serbien denunziert. Hier wie dort sind die Opfer nicht geläutert aus den Konzentrationslagern zurückgekehrt und aus den Massenmorden wollten sie, im Gegensatz zum neuen Deutschland, auch nicht lernen, so die untergründige Behauptung – da müssen es deutsche Linke sein, die den Leuten auf die Sprünge helfen. Daß ein Ehrenfriedhof für die Opfer des Wehrmachtsmassakers von im „blutigen Herbst“ 1941 gleich am ersten Tag des Überfalls auf Jugoslawien Ziel der NATO-Bomben war (und Mitte Mai ein zweites Mal), wird als „serbische Propagandalüge“ abgetan. Am 21. Oktober 1941 wurden hier 7000 Menschen, darunter 300 Schüler, klassenweise mit ihren Lehrern als „Geiseln“ erschossen. Durch Bombensplitter wurde eine Skulptur mit dem Titel „Der Faschismus ist überwunden“ beschädigt. Die symbolträchtige zweite Ermordung der Toten ging hierzulande jedoch ebenso wie die Frage, welche Bedeutung dies für die Nachkommen der Ermordeten haben könnte, in Indifferenz unter. Und deswegen wurde auch die Frage nicht aufgeworfen, wie der NATO-Generalstab auf die Idee kommen konnte, diesen „Kollateralschaden“ zu verursachen.

Aus scheinbar relativ unabhängig voneinander laufenden „Diskursen“ wurde in der Folge des Kosovo-Krieges eine Bilanzdebatte mit dem Ziel einer endgültigen Abrechnung mit Kommunismus und Antifaschismus. Dabei geht es weder nur um den Realsozialismus (der so „sozialistisch“ war, wie der Sozialismus nur sein kann, weshalb wir vom Kommunismus, d.h. von der staaten- und klassenlosen Weltgesellschaft, sprechen), noch ausschließlich um die marxistisch-leninistische Ideologie von den „aggressivsten Kräften des Monopolkapitals“. Der Sinn der Abrechnung betrifft den Kommunismus als Bedrohung des Kapitalismus, die er nach wie vor nicht etwa deswegen darstellt, weil der Kapitalismus irgendwelche Widersprüche hervorbrächte, sondern weil er den gesellschaftlichen Reichtum schafft, der den Kommunismus ermöglicht. Beim Antifaschismus geht es folglich auch nicht um das „andere Deutschland“, sondern um jenes kritische Potential, das immer wieder aufs Neue die Spuren ausgräbt, die von Deutschland nach Auschwitz und wieder zurück führen, mithin um das Unbewußte des Antifaschismus. Den Kern der Idee, mit der nun aufgeräumt wird, formulierte Löwenthal, dessen Überlegungen in „Individuum und Terror“ von 1946 sich auf die ersten Berichte von Überlebenden der Konzentrationslager bezogen: „Nur durch die in Theorie und Praxis auf Wurzeln und Konsequenzen des Phänomens des Terrors ausgerichtete Vernunft kann die Menschheit hoffen, sich dem finsteren und letztlich tödlichen Schicksal zu entwinden, in das sie sich verstrickt sieht.“[47] Die grundsätzliche Abrechnung der deutschen Ideologie mit der Idee, nach der geschichtlicher Fortschritt, wenn nicht zwangsläufig, so doch notwendig und möglich ist, betrifft auch jene Linksradikalen, die im zivilgesellschaftlichen Antikommunismus einen Bündnispartner gegen das völkische Deutschland entdecken, denn völkische Ideologie und Zivilgesellschaft schließen einander nicht aus – siehe die Begeisterung der „taz“ für die völkischen Überreste Jugoslawiens –, sondern ergänzen sich im Postulat des Scheiterns universeller Emanzipation und in dessen Konsequenz: der Errichtung von Volksstaaten, deren notwendige Folge Antisemitismus ist. Kritik von Volk, Staat, Nation und Kapital ist jedoch ohne die Anmaßung, die Begriff und Sache der Befreiung implizieren, nicht zu haben; sie regrediert zur konstruktiven Kritik in dem Moment, da Auschwitz in dem Sinne relativiert wird, daß aus dem industriellen Massenmord keine universellen gesellschaftlichen, sondern höchstens noch individuelle Konsequenzen zu ziehen seien.

Anmerkungen

1 Das endlose Gerede über das Bekannte ist die Barrikade vor der Erkenntnis: dies bestätigt die Einsicht Sigmund Freuds in die Einheit dessen, womit abgelenkt wird, mit dem, wovon. Der Marxsche Name für dieses Phänomen ist: Ideologie.
2 *Die Zeit,* 17. Juni 1999
3 *Frankfurter Rundschau*, 23.4.1999
4 Der Brief ist hier in der Neuübersetzung aus *Bahamas* Nr. 10 zitiert.
5 Anna Freud: *Bemerkungen zur Aggression*, in: *Schriften* Bd. 10, S. 2781
6 Darmstadt 1979, S.47 f.
7 *Berliner Zeitung* v. 23.10.1998
8 Martin Walser in seiner Friedenspreisrede, *Frankfurter Allgemeine Zeitung* v. 13.10.1998
9 Hier zitiert nach: Theodor W. Adorno: *Jargon der Eigentlichkeit,* in: *Gesammelte Schriften,* Band 6, Frankfurt 1997, S. 416 ff.
10 Ebd., S. 424
11 Ebd., S. 463
12 Walser, M.: *Händedruck mit Gespenstern*, in: Jürgen Habermas (Hg.): *Stichworte zur geistigen Situation der Zeit,* Frankfurt 1979, Seite 48
13 Adorno: A.a.O., S. 419
14 Walser: a.a.O.
15 *Spiegel,* Nr. 45/98
16 Vgl. *Konkret*, Nr. 3/99
17 *Frankfurter Allgemeine,* 4. 11.98
18 Max Horkheimer: *Notizen 1949 – 1969, Gesammelte Schriften* Bd. 6, Frankfurt, 1991, S: 404
19 Karl Marx: *Zur Kritik der Hegelschen Rechtsphilosophie,* in: Marx-Engels-Werke Band 1, S. 391
20 Eike Geisel: *Triumph des guten Willens. Gute Nazis und selbsternannte Opfer. Die Nationalisierung der Erinnerung.* Berlin 1998, S. 62
21 *Die Zeit*, 1.4.1999
22 *Jungle World*, Nr. 19/1999
23 Vgl. *Konkret,* Nr. 6/1999
24 In dieser Allgemeinheit verrät sich die Intention derer, die diese Behauptung aufstellen: Es geht um die Ablehnung der Bombardierung deutscher Städte. Die Frage, warum die Alliierten nicht die Gaskam-

mern und die Rampe von Auschwitz-Birkenau bombardierten, ergibt sich nämlich erst aus der Tatsache, daß im August und September 1944 Industrieanlagen und Gleisanlagen bei Auschwitz sehr wohl bombardiert worden waren. Weil die Alliierten aus den Aufnahmen zur Vor- und Nachbereitung dieser Bombardierungen die Wahrheit hätten erfahren können, stellt sich die Frage, warum sie das nicht getan haben; die entsprechenden Luftaufnahmen wurden jedenfalls nicht ausgewertet und erst Jahrzehnte später veröffentlicht. Außerdem forderte der Lagerwiderstand die Alliierten über Kassiber zu einer Bombardierung auf. Vgl. Danuta Czech, *Kalendarium der Ereignisse im Konzentrationslager Auschwitz-Birkenau 1939-1945,* Hamburg 1989, Seite 856 ff.

25 *Süddeutsche Zeitung*, 30.4.1999

26 *Zeit*, 29.4.1999

27 Uli Krug/C. Kunze: *Der letzte Gorilla und die neue Wert-Ordnung. Zur politischen Ökonomie der Gerechtigkeit,* in: *Bahamas* Nr. 28

28 Th. W. Adorno, M. Horkheimer: *Dialektik der Aufklärung,* Frankfurt 1997, S. 178

29 Adorno: *Zum Verhältnis von Soziologie und Psychologie,* in: *Soziologische Schriften I*, Frankfurt 1979, S. 70. ff.

30 Vgl. die Referate von Uli Krug, Clemens Nachtmann und Justus Wertmüller auf dem Seminar "Vom Gebrauchswert des Kapitals", in: *Bahamas*

31 Adorno: *Studien zum autoritären Charakter,* Frankfurt 1973, S. 205. Die *Studies in Prejudice*, von der die *Studien zum autoritären Charakter* der zentrale Teil waren, wurden in den vierziger Jahren vom American Jewish Comittee in Auftrag gegeben, um mehr über psychischen Dispositionen zum Faschismus herauszufinden.

32 Ebd.

33 Ebd., S. 206

34 *Spiegel,* Nr. 18/1999

35 Leo Löwenthal: *Falsche Propheten. Studien zum Autoritarismus,* in: *Schriften 3*, Frankfurt 1990, Seite 163

36 Die Zitate von Edel sind entnommen aus: P. Edel: *Wenn es ans Leben geht. Meine Geschichte,* Verlag der Nation, Berlin (DDR) 1979, 2 Bde. Hervorhebungen entsprechen dem Original.

37 Adorno: *Negative Dialektik,* Frankfurt 1970, Seite 360

38 Dan Diner: *Zwischen Aporie und Apologie.* In: *Ist der Nationalsozialismus Geschichte?* Frankfurt 1987, S. 72

39 Löwenthal: A.a.O., S. 167

40 Zitiert nach Arno Lustiger: *Rotbuch. Stalin und die Juden,* Berlin

1998, S. 46
41 Ebd., S. 295
42 Ebd., S. 47
43 Ebd., S: 64
44 ebd., S: 89
45 W. Grossmann, I. Ehrenburg: *Das Schwarzbuch. Genozid an den sowjetischen Juden,* herausgegeben von A. Lustiger, Hamburg 1994
46 Sigmund Freud, Arnold Zweig: *Briefwechsel,* Frankfurt 1968, S. 56
47 Löwenthal: A.A.O., S. 174

Gerhard Scheit

Verborgener Staat, lebendiges Geld

Zur Dramaturgie des Antisemitismus

Die Tradition reicht vom mittelalterlichen Passionsspiel bis zum nationalsozialistischen Film – und sie beherbergt so angesehene und unterschiedliche Meister wie Shakespeare und Bach, Friedrich Schiller und Achim von Arnim, Richard Wagner und Rainer Werner Fassbinder. Den Haß auf die Juden ‚spielbar' zu machen, ihn in Szene und sogar in Musik zu setzen, gehört nicht zu den ‚Auswüchsen', sondern zum innersten Kern der abendländischen und speziell der deutschen Kultur. Das merkwürdige obsessive Bedürfnis, jene, die man verfolgt, vertreibt und ermordet, gleichzeitig *darzustellen*, mit verteilten Rollen *zu spielen*, entspringt immer wieder aufs Neue dem Alltag dieser Kultur - darauf verweist schon der antisemitische Witz, der die hohe Kunst meist inspiriert.

580 Seiten • DM 58 • ISBN 3-924627-63-0

ça ira verlag
postfach 273
79002 freiburg
tel.: 0761 / 37 939
fax: 0761 / 37 949
eMail:
isf-e.v@t-online.de
http://
www.isf-freiburg.org

Ulrich Enderwitz

Antisemitismus und Volksstaat

Zur Pathologie kapitalistischer Krisenbewältigung

Zweite, um einen Anhang - *Der revolutionäre Staat - das Paradox der bürgerlichen Gesellschaft* - erweiterte sowie vom Autor mit einem Vorwort zur Neuauflage versehene Auflage

220 Seiten • DM 24 • ISBN: 3-924627-28-2

Stand: August 1999

ça ira

Gesamtverzeichnis

Johannes Agnoli
Politik und Geschichte.
Schriften zur Theorie (Herbst 2000)
1968 und die Folgen
Faschismus ohne Revision
Subversive Theorie. „Die Sache selbst" und ihre Geschichte. Eine Berliner Vorlesung.
Der Staat des Kapitals und weitere Schriften zur Kritik der Politik
Transformation der Demokratie und andere Schriften zur Kritik der Politik
Geduld und Ironie. Festschrift für Johannes Agnoli zum 70. Geburtstag
Kritik der Politik. Festschrift für Johannes Agnoli zum 75. Geburtstag (Frühjahr 2000)

Hans-Georg Backhaus
Dialektik der Wertform. Untersuchungen zur Marxschen Ökonomiekritik

Diethard Behrens (Hg.)
Geschichtsphilosophie oder Das Begreifen der Historizität
Politik und soziale Praxis
Gesellschaft und Erkenntnis. Zur materialistischen Erkenntnis- und Ökonomiekritik

Ilse Bindseil
Es denkt. Für eine gesellschaftliche Definition des Geistes ...
Aus der Neuen Welt / Mein Werther
In einem Jahr. Erzählung
Morde u. a. tödliche Geschichten
Das Elend der Weiblichkeit, die Zukunft

Ilse Bindseil / Monika Noll (Hg.)
Von Theorie bis Anarchie. Frauen 1
Polemik und Politik. Frauen 2
F wie weiblich, w wie Frau. Frauen 3
Mit Foucault und Fantasie. Frauen 4
Fatal real. Frauen 5

Frank Böckelmann
Marx und Adorno. Schwierigkeiten der spätmarxistischen Theorie
Die schlechte Aufhebung der autoritären Persönlichkeit

Stefan Breuer
Aspekte totaler Vergesellschaftung

Joachim Bruhn
Vernunft und Barbarei. Über die Begreifbarkeit des Nazifaschismus (Frühjahr 2000)
Was deutsch ist. Zur kritischen Theorie der Nation

Wilhelm Burian
Sexualität, Natur, Gesellschaft. Eine psychopolitische Biographie Wilhelm Reichs

Matthias Deutschmann
Hitler on the rocks. Deutsche Etüden

Ulrich Enderwitz
Reichtum und Religion
Der Mythos vom Heros (I.)
Der religiöse Kult (II.)
Die Herrschaft des Wesens (III.)
– *Das Heil im Nichts* (III.1)
– *Die Polis* (III.2)
– *Der Konkurs der alten Welt* (III.3) (Herbst 2001)
– *Die Macht des Kapitals* (IV.)

ça ira
verlag der initiative sozialistisches forum e.v.
postfach 273 · 79002 freiburg · tel.: 0761 / 379 39 · fax: 0761 / 379 49
eMail: isf-e.v@t-online.de

Initiative Sozialistisches Forum

Furchtbare Antisemiten, ehrbare Antizionisten

Über Israel und die linksdeutsche Ideologie

Hundert Jahre nach Theodor Herzl und dem Basler Zionistenkongreß ist Israel zur liebsten Projektionsfläche der deutschen Ideologie geworden. Staatstragende Philosemiten wie oppositionelle Antizionisten behaupten unisono, dieser Staat sei etwas Besonderes, Einzigartiges, Außergewöhnliches. Das Besondere an Israel aber ist nur die Kehrseite des einzigartigen Ereignisses des Massenvernichtung, aus der niemand, weder die Philosemiten noch die Antizionisten, die Konsequenz zu ziehen bereit ist. Es ist diese kollektive Verdrängung, die in den Projektionen ausagiert wird – nicht zuletzt von links.
Aus dem Inhalt: „Die Linke“ und die Linken • Israel: Projektionsfläche der deutschen Ideologie • Grenzen der Aufklärung • Der Staat und sein Produkt: die Nation • Warum „Zionismus”? • Warum „Antizionismus” Antisemitismus ist • Das zionistische Dilemma • Kein „Brückenkopf”? • Autoritäre Philosemiten, rebellische Antizionisten • Nie wieder Deutschland! • Giftgas und Pazifismus • Über Aufklärbarkeit der Antizionisten

1998. 140 Seiten. DM 24. ISBN: 3-924627-57

Schindlerdeutsche

Ein Kinotraum vom Dritten Reich

Herausgegeben
von der Initiative Sozialistisches Forum

Mit Beiträgen von Günther Anders, Lothar Baier, Ilse Bindseil, Detlev Claussen, Dierk Spreen, Eike Geisel, Joachim Bruhn. „... ein Buch, das Einspruch gegen den Film und seine demagogische Rezeption erhebt.“ (*Rayk Wieland, junge Welt*)

192 Seiten • 24 DM • ISBN 3 - 924627 - 40 - 1

ça ira verlag
postfach 273
79002 freiburg
tel.: 0761 / 37 939
fax: 0761 / 37 949
eMail:
isf-e.v@t-online.de
http://
www.isf-freiburg.org